날마다 예수님처럼
하나님의 뜻대로 순종하는 길

안창천 지음

Yes

추천 · 오정현목사(사랑의교회) 정일웅총장(총신대학교)

우리하나

날마다 예수님처럼
아버님의 뜻대로 순종하는 길

ⓒ 도서출판 우리하나 2009

안창천 지음

1쇄 인쇄 2009. 12. 12
1쇄 발행 2009. 12. 15

발 행 처	도서출판 우리하나
발 행 인	D3평신도사역연구소
디 자 인	DOdesign (대표 이지환)
기 획	이경옥
책임교정	정혜지
제 작	장세민
등록번호	제 313-2007-96호
등록일자	2007. 4. 16
주 소	서울시 마포구 상수동 9-10번지 제303B호
주문전화	02-333-0091
팩 스	02-333-4490
E-Mail	pacc9191@hanmail.net
웹사이트	www.urihana.net

값 11,000

ISBN 978-89-93476-16-3

저자와의 협약아래 인지는 생략되어 있습니다. 이 출판물은 저작권법에 따라 무단 복제를 할 수 없습니다.

도서출판 우리하나는
모든 평신도들을 왕처럼 성령으로 사역하게 하는 D왕의사역을 적극 지원합니다.

"하나님의 아들 예수 그리스도는 예 하고 아니라 함이 되지 아니 하셨으니 그에게는 예만 되었느니라"(고후 1:19).

| 추천의 글 | 오정현 목사(사랑의교회 담임)

어떤 상황에서도 하나님의 주권과 섭리를 기억하는 것, 이것을 한 마디로 요약하면 바로 순종이 될 것입니다. 그리스도인들이라면 누구나 온전한 순종에 대한 거룩한 부담과 떨림이 있습니다. 하지만 매일 매일 삶의 순간마다 자신을 쳐 복종시키기란 결코 쉬운 일이 아닙니다.

그러나 하나님을 전적으로 신뢰하고, '믿는 십자가'에서 머물지 않고 '지는 십자가'의 삶으로 나아갈 때 신앙인이 그려가는 순종의 역사는 자기 자신은 물론, 가족과 나라를 살리는 생명의 기류가 됩니다.

사실 그 어떤 인물도 순종의 십자가 없이 하나님께 쓰임 받았던 인물은 없습니다. 순종하는 것만큼 안전한 포구로 인도받는 삶은 없습니다. 따라서 우리는 하나님 앞에서 청지기로서 순종의 십자가를 지고 살아가야 합니다.

「Yes!」는 자기 욕망의 노예가 되어 세상에 순응하는 삶이 아니라 자기 십자가를 지고 순종하는 삶으로 방향전환을 꿈꾸는 이들을 위한 영적인 다림줄이 되어 줄 것입니다. 매 순간 진정한 순종인지 아닌지를 눈으로 보아 알 수 없는 부분까지 정밀하게 감정(鑑定)하는 추와 저울이 되어 줄 것입니다.

이 책을 읽는 동안 철저히 순종으로 레이아웃(layout)된 새로운 인생의 청사진을 거머쥔 것처럼 가슴 뛰는 기대감과 열정이 솟아나는 것을 느낄 수 있을 것입니다.

이 책을 통해 지금 어떤 인생의 강을 건너고 있든지 죽은 고기처럼 시대의 조류에 휩쓸려 떠내려가는 것이 아니라, 살아있는 연어처럼 시대의 폭포를 거슬러 순종의 고지를 점령하는, 생명력으로 펄떡이는 그리스도인들이 많아지기를 기대합니다.

주후 2009년 11월 27일
사랑의교회 오정현목사

| 추천의 글 | 정일웅 총장(총신대학교)

총신대 총장으로 취임하기 전, 안 목사님의 다른 저서인 '성공의 적, 교만'을 읽고서 감동을 받고 총장직을 수행하는데 지침서로 삼고 있던 터에, 그리스도의 주재권을 다룬 'Yes!'를 접하게 되어 참으로 기쁘게 생각합니다.

저자는 예수께서 공생애를 청지기로 사시고 십자가에 못 박혀 돌아가심으로 하나님의 주재권에 온전히 순종하셨듯이, 모든 그리스도인은 예수님처럼 시간, 물질, 몸, 은사를 하나님의 뜻대로 사용하고, 날마다 십자가를 지는 삶을 살아야 할 것을 주장하고 있는데 전적으로 동감합니다.

본서는 '주재권'과 '순종'이라는 무거운 주제를 다루고 있지만, 왜 주님의 뜻대로 살아야 하는지를 명쾌하게 설명하고 있을 뿐만 아니라, 구체적으로 어떻게 해야 주님의 뜻대로 살 수 있는지를 제시하고 있어 한 장 한 장 기대하는 마음으로 읽게 만듭니다.

 본서가 많이 읽혀져서 세상의 성공만을 추구하고 하나님의 뜻대로 사는 데에 무관심하던 그리스도인들이 그들의 삶의 방향을 바꾸고 주님의 뜻대로 살아가는 주의 백성들이 온 땅에 가득해지는 그날을 마음속에 그려봅니다.

주후 2009년 11월 14일
날마다 하나님의 말씀에 'Yes'로 살도록 기도하는
총신대학교 총장 정일웅

| 프롤로그 | 그리스도인에겐 성공은 없고 순종만 있을 뿐입니다

필자는 종종 국회 도서관에 들러 신간도서에 대한 정보를 얻기도 하고 글을 쓰기도 합니다. 그런데 어느 날 서가에 꽂혀있는 수많은 책들 가운데 예수님의 삶을 다룬 책이 단 한 권도 없는 것을 보고는 실망하지 않을 수 없었습니다. 예수께서 어떤 분이십니까? 그분은 만왕의 왕이십니다. 모든 인생들이 경배해야 할 대상이며 본받아야 할 유일한 모델이십니다.

그런데 왜 그분의 삶을 본받으라고 권하는 책이 단 한 권도 없는 것일까요? 그것은 그분처럼 살려면 대가를 지불해야 하는데 누구도 고난당하는 것을 달가워하지 않기 때문입니다. 수요가 공급을 결정합니다. 예수님처럼 살겠다는 독자가 없기 때문에 그런 주제에 관한 책이 전무한 것입니다.

그렇습니다. 대부분의 그리스도인들은 예수님을 이용하여 일시적인 복을 받는 데만 관심을 갖지, 주님의 뜻대로 살아가거나 그분의 성품을 닮아가는 데는 전혀 관심이 없습니다. 그래서 책을 읽어도 부담이 전혀 없는 간증집이나 성공을 위한 자기계발서등은 선호해도 예수님처럼 십자가를 지라고 권하는 책은 달가워하지 않는 것입니다.

그러나 그리스도인은 세상 사람들처럼 이 세상에서 복을 받고 성공하는 데만 관심을 갖고, 주님의 뜻대로 살아가는 데는 무관심하면 안 됩니다. 왜냐하면 하나님께서 우리를 그렇게 살도록 부르시지 않았기 때문입니다. 예수께서 우리를 구원하신 것은 단지 이 세상에 잘 먹고 잘 살게 하거나, 죽은 후 천국에 데려가기 위한 것이 아닙니다. 이 세상에서 예수님처럼 살게 하여 세상을 변화시키고, 이 땅에 하나님의 나라를 완성하시기 위한 것입니다.

입으로는 예수님을 믿는다고 말하지만 삶으로 그분을 부인하는 사람은 그리스도인이 아닙니다. 기독교는 삶 자체이기 때문에 머리보다 손과 발이 더 바쁘게 움직여야 합니다. 삶이 없는 기독교는 진정한 의미에서 기독교가 아닙니다. 우리는 예수께서 보여주신 삶을 그대로 본받아야 합니다.

> "이를 위하여 너희가 부르심을 입었으니 그리스도도 너희를 위하여 고난을 받으사 너희에게 본을 끼쳐 그 자취를 따라 오게 하려 하셨느니라"(벧전 2:21).

예수께서 공생애를 청지기로 사시고 마침내 십자가에 돌아가신 것은 그분께서 얼마나 하나님의 주재권에 온전히 순종하셨는지를 보여주신 것입니다. 우리도 예수께서 친히 보여주신 대로 주님의 뜻에 순종하는 삶을 살아가야 합니다. 본서가 만왕의 왕이신 예수 그리스도를 닮아가는 데에 조금이라도 도움이 되었으면 하는 마음 간절합니다.

주후 2009년 11월 22일

안창천

| I'm Yes |

그리스도인은 IQ(지능지수)와 EQ(감성지수)보다 OQ(순종지수)가 높아야 합니다. OQ는 주님과 자신의 관계를 정확히 보여줍니다.

▶ 빈도'를 체크할 때는 정확하게 해야 하며, 적합한 빈도가 없을 경우는 '보다 낮은 빈도'에 체크해야 합니다.

No	지 문	항상	자주	보통	가끔	없음
01	예수님을 자신의 주인으로 의식하고 산다					
02	자신을 하나님의 청지기로 의식하고 산다					
03	범사에 그리스도의 주재권을 인정한다					
04	주님의 인도를 받기위해 말씀을 읽는다					
05	주님의 인도를 받기위해 기도를 한다					
06	첫 시간을 주님께 드린다					
07	온전히 소득의 십분의 일을 드린다					
08	생각과 말과 행동으로 죄를 짓지 않는다					
09	은사와 재능때문에 감사한 마음을 갖는다					
10	다른 사람을 위하여 희생을 감수한다					
11	말씀에 순종하기 위해 대가를 지불한다					
12	세상 성공보다 말씀 순종에 관심을 갖는다					
13	내 뜻대로 고집을 부리지 않는다					
14	옛 사람의 성품을 죽이려고 노력한다					
15	주변에서 순종의 사람이라는 말을 듣는다					
16	잘못 되었다고 판단되면 즉시 돌이킨다					
17	하나님의 뜻대로 살 수 있도록 기도한다					
18	몸에 해로운 것은 섭취하지 않는다					
19	다른 사람을 위해 십자가를 진다					
20	마지막 심판을 의식하며 행동한다					

OQ(순종지수) 측정 가이드

▶ '항상'은 5점, '자주'는 4점, '보통'은 3점, '가끔'은 2점, '없음'은 1점으로 계산합니다.

▶ 산출된 점수가 곧 자신의 OQ(순종지수)입니다. 예를 들어 80이 나왔을 경우 자신의 OQ는 80입니다.

▶ 자신의 OQ가 67이하인 경우는 하나님 앞에서 불순종하고 있다는 증거이기 때문에 신앙의 자세를 바꿔야 합니다.

점수	OQ	진 단
95이상		날마다 자기를 부인하고 십자가를 지며 온전히 주님의 뜻에 순종하고 있음
80-94		주님의 뜻대로 살아가고 있지만 자신의 뜻대로 사는 경우가 종종 있음
67-79		주님의 뜻대로 사는 것과 자신의 뜻대로 사는 것의 빈도가 거의 비슷함
54-66		하나님의 뜻대로 살려고 노력은 하지만 자신의 뜻대로 사는 경우가 더 많음
41-53		하나님의 뜻대로 산다고 말은 하지만 실제로는 자신의 뜻대로 살아가고 있음
40이하		하나님의 뜻에는 거의 관심이 없고 주로 자신의 뜻을 이루기 위해서 노력함

※ OQ는 모든 그리스도인이 하나님의 주재권을 인정하고 주님의 뜻에 온전히 순종하는 삶을 살도록 돕기 위해 만든 것입니다.

오 주여! 주님은 무엇이 최선인지 아십니다.
모든 일을 주님의 뜻대로 이루소서.
주님이 선택한 것을 주님이 선택한 양만큼
주님이 선택한 순간에 주옵소서.
주님이 원하는 곳에 나를 두시고
적당하다고 생각하는 대로 나를 다루소서.

나는 주님의 손 안에 있습니다.
주님의 뜻대로 인도하소서.
나는 무슨 일이든 준비된 주님의 종입니다.
나 자신이 아니라 주님만을 위해서 살기 원합니다.

-Thomas A Kempis-

추천의 글	오정현목사 · 정일웅총장	004
프롤로그	그리스도인에겐 성공은 없고 순종만 있을 뿐입니다	008
I'm Yes	나의 OQ · 순종지수?	012

제 1 부
우리는 예수님처럼 살아가야 합니다

1장 예수께서는 성령으로 성육신하셨습니다 | 021
01 동정녀 탄생은 새로운 삶의 시작입니다
02 성령으로 거듭나야 새 사람이 될 수 있습니다
03 새 사람이 되어야 예수님처럼 살 수 있습니다

2장 예수께서는 시험을 이기셨습니다 | 039
01 예수께서는 마귀에게 시험을 받으셨습니다
02 우리도 마귀의 시험을 이겨야 합니다
03 시험을 이겨야 예수님처럼 살 수 있습니다

3장 예수께서는 그리스도인의 모델이십니다 | 061
01 예수께서는 하나님의 주재권을 인정하셨습니다
02 우리도 그리스도의 주재권을 인정해야 합니다
03 예수님처럼 사는 것은 어명입니다

제 2 부
예수님의 청지기 삶을 본받아야 합니다

1장 시간의 청지기로 살아가야 합니다 | 079
01 시간을 이해하라
02 예수님은 시간의 청지기로 사셨습니다
03 우리는 어떻게 시간을 사용해야 하나요?

2장 재물의 청지기로 살아가야 합니다 | 101
01 재물을 이해하라
02 예수님은 재물의 청지기로 사셨습니다
03 우리는 재물을 어떻게 사용해야 하나요?

3장 몸의 청지기로 살아가야 합니다 | 133
01 몸을 이해하라
02 예수님은 몸의 청지기로 사셨습니다
03 우리는 몸을 어떻게 관리해야 하나요?

4장 은사와 재능의 청지기로 살아가야 합니다 | 151
01 은사와 재능을 이해하라
02 예수님은 은사와 재능의 청지기로 사셨습니다
03 우리는 은사와 재능을 어떻게 사용해야 하나요?

제 3 부
예수님의 십자가를 본받아야 합니다

1장 십자가를 바로 알아야 합니다 | 171
  01 십자가가 뭐요?
  02 십자가는 하나님의 능력입니다
  03 십자가에 대한 생각을 바꾸세요

2장 예수께서 십자가에 못 박혀 돌아가셨습니다 | 187
  01 진짜 십자가에 못 박히셨나요?
  02 왜 십자가에 못 박히셨나요?
  03 십자가보다 더 중요한 것은 없습니다

3장 십자가에 죽고 십자가로 살아가야 합니다 | 209
  01 십자가로 구원만 받는다?
  02 십자가를 지려면 먼저 죽어야 합니다
  03 우리도 '자기 십자가'를 져야 합니다
  04 십자가 없는 부활은 없습니다

에필로그 | 항상 주님 앞에 'Yes'로 살게 하소서! | 235

Yes!

제 1 부

우리는 예수님처럼 살아가야 합니다

평소 어떻게 모세가 하나님께서 지시하신 대로 제사에 관련된 모든 것들을 만들 수 있었는지 궁금하게 생각하고 있었습니다. 왜냐하면 출애굽기나 레위기를 자주 읽지만 하나님께서 모세에게 만들라고 지시하신 것들이 쉽게 머리에 그려지지 않았기 때문입니다. 그러나 다음과 같이 여러 차례 반복되는 말씀을 통해서 그 궁금증이 말끔히 해소되었습니다.

"너는 삼가 이 산에서 네게 보인 양식대로 할지니라"
(출 25:40; 참조 출 26:30, 27:8).

이 말씀이 무슨 의미일까요? 하나님께서 모세에게 제사에 관련된 것들을 말씀으로만 만들라고 지시하시지 않고 미리 보여주셨다는 뜻입니다. 즉 모세가 하나님께서 지시하신 대로 제사와 관련된 모든 것들을 만들 수 있었던 것은 하나님께서 모세를 시내산으로 부르셔서 그와 함께 40일간 계실 때 장차 만들 것들을 미리 보여주셨기 때문입니다(출 25:9; 행 7:44).

성경은 우리가 어떻게 살아야 하나님의 뜻대로 살 수 있는지를 가르쳐주고 있습니다. 그러나 실제로 그렇게 산다는 것은 결코 쉬운 것이 아닙니다. 그래서 하나님께서 그렇게 할 수 있도록 미리 보여주셨는데, 그것이 바로 예수 그리스도의 삶인 것입니다. 따라서 하나님의 뜻대로 살기 위해서는 예수님처럼 살아가야 합니다.

1장

예수께서는 성령으로 성육신하셨습니다

01 동정녀 탄생은 새로운 삶의 시작입니다

하나님께서는 영으로 존재하시지만, 존재 방식을 바꾸셔서 인간의 몸을 입고 이 세상에 오신 분이 예수님이십니다. 그런데 예수께서 남녀의 관계를 통하여 오시면 아담의 후손인지라 죄인이 되실 수밖에 없기 때문에 성령의 능력으로 동정녀 마리아를 통하여 이 세상에 오신 것입니다.

통과해야 할 첫 관문

그렇습니다. 예수께서는 우리와 똑같은 사람이시지만 남녀의 성적인 관계가 아니라 성령의 능력으로 탄생하셨습니다.

"예수 그리스도의 나심은 이러하니라 그의 어머니 마리아가 요셉과 약혼하고 동거하기 전에 성령으로 잉태된 것이 나타났더니"(마 1:18).

우리는 이런 사실을 당연한 것으로 믿고 있지만, 세상 사람들은 대부분 이를 믿지 아니할 뿐 아니라, 심지어 조롱거리로 여기고 있습니다. 저 역시 비신자 시절 이 문제가 예수님을 영접하는데 가장 큰 걸림돌이었습니다. 대학시절 오정현 목사(사랑의교회 담임)와 같은 방에서 자취를 한 적이 있었는데 그는 기회만 되면 저에게 전도를 했습니다. 그런데 동정녀 마리아에 관한 이야기만 나오면, 말도 안 되는 이야기라며 반박했던 기억이 납니다.

사실 비신자들이 예수님의 동정녀 탄생을 믿지 않는 것은 지극히 당연한 것입니다. 왜냐하면 인류 역사상 한 번도 그런 일이 없었을 뿐만 아니라, 이성적인 사고로는 받아들일 수 없는 일이기 때문입니다. 그러나 예수님의 동정녀 탄생은 인간의 측면에서 볼 때에만 이해가 되지 않는 것이지 하나님의 입장에서 보면 너무나도 당연한 것입니다. 왜 그럴까요?

동정녀 탄생은 죄인을 의인되게 하는 열쇠

모든 사람은 죄인인 아담의 후손으로 태어나기 때문에 나면서부터 죄인입니다. 그렇기 때문에 아담의 후손은 아무리 노력해도 의인이 될 수 없습니다. 의인이 될 수 없다는 말은 예수님처럼 하나님의 뜻대로 살 수 없다는 의미입니다. 그렇습니다. 타락한 인간은 마음으로부터 부패해 있기 때문에 아무리 노력해도 하나님의 뜻대로 살 수 없습니다(렘 17:9). 사도 바울은 시편기자의 글을 인용하여 타락한 인간의 실상을 다음과 같이 고발하고 있습니다.

> "그러면 어떠하냐 우리는 나으냐 결코 아니라 유대인이나 헬라인이나 다 죄 아래에 있다고 우리가 이미 선언하였느니라 기록된 바 의인은 없나니 하나도 없으며 깨닫는 자도 없고 하나님을 찾는 자도 없고 다 치우쳐 함께 무익하게 되고 선을 행하는 자는 없나니 하나도 없도다 그들의 목구멍은 열린 무덤이요 그 혀로는 속임을 일삼으며 그 입술에는 독사의 독이 있고 그 입에는 저주와 악독이 가득하고 그 발은 피 흘리는 데 빠른지라 파멸과 고생이 그 길에 있어 평강의 길을 알지 못하였고 그들의 눈 앞에 하나님을 두려워함이 없느니라 함과 같으니라"(롬 3:9-18).

이토록 타락한 인간에게 어떻게 하나님의 뜻대로 순종할 것을 기대할 수 있겠습니까? 물론 이 세상에는 그리스도인들보다 의롭게 사는 사람들을 얼마든지 만나볼 수 있습니다. 간혹 우리를 부끄럽게 할 만큼 선한 사람도 있습니다. 그러나 모든 사람의 피 속에는 죄인인 아담의 피가 흐르고 있기 때문에 아무리 착하게 살아도 의인이 될 수 없고, 하나님께서 원하시는 삶을 살 수도 없는 것입니다.

　하루는 새우가 멸치 딸이 마음에 들어 며느리를 삼으려고 멸치를 찾아갔습니다. "댁의 딸을 우리 집 며느리로 주세요." 그러자 멸치는 "우리는 뼈대 없는 가문과 혼인할 수 없습니다"라고 하며 거절했다고 합니다. 웃자고 만든 이야기이지만 사람들이 얼마나 가문을 중요시하는지를 엿볼 수 있습니다.

　그런데 가문 가운데 우리가 자랑할 만한 가문이 있을까요? 아마도 모든 가문의 첫 조상인 아담이 어떤 사람인지를 정확히 알면 가문을 자랑할 사람은 없을 것입니다. 인류의 첫 조상인 아담은 하나님께 큰 죄를 범한 죄인입니다. 그리고 우리 또한 아담의 후손이라 죄인이기 때문에 가문을 자랑하는 것은 스스로 자신이 죄인임을 자랑하는 것과 같은 의미입니다.

　아담의 후손으로 태어난 사람은 모두 죄인이기 때문에 예수님처럼 살고 싶어도 살 수 없습니다. 그래서 아담의 후손에서 벗어나 의인이 되게 하시려고 예수께서 동정녀 마리아를 통하여 이 세상에 오신 것입니다. 즉 예수께서 동정녀 마리아를 통하여 이 세상에 오심으로 죄 없는 사람의 족보가 시작된 것입니다.

예수께서 새로운 족보를 여셨습니다

　성경은 "첫 사람은 땅에서 났으니 흙에 속한 자이거니와 둘째 사람은 하늘에서 나셨느니라"(고전 15:47)라고 말씀하고 있는데, 여기서 '첫 사람'은 아담을 가리키고, '둘째 사람'은 예수님을 가르킵니다. 아담을 '첫 사람'이라고 하고 예수님을 '둘째 사람'이라고 하는 것은, 예수님과 아담의 족보가 다르다는 것입니다. 즉 모든 사람은 아담의 후손이라 죄인이지만 예수님은 아담의 후손이 아니라 죄인이 아니라는 것입니다.

그런데 아담의 족보 안에 태어난 사람은 나면서부터 죄인이기 때문에 하나님의 뜻대로 살 수 없지만, 예수님의 족보 안에 태어난 사람은 새로운 피조물로서 의인이기 때문에 하나님의 뜻대로 살 수 있는 것입니다. 그래서 사도 바울은 "그런즉 누구든지 그리스도 안에 있으면 새로운 피조물이라 이전 것은 지나갔으니 보라 새것이 되었도다"(고후 5:17)라고 외친 것입니다. 아무나 예수님처럼 살 수 있는 것이 아닙니다. 첫 사람인 아담의 족보에서 둘째 사람인 예수님의 족보로 바뀐 사람만이 살 수 있는 것입니다.

"한 사람의 범죄로 말미암아 사망이 그 한 사람을 통하여 왕 노릇 하였은즉 더욱 은혜와 의의 선물을 넘치게 받는 자들은 한 분 예수 그리스도를 통하여 생명 안에서 왕 노릇 하리로다 그런즉 한 범죄로 많은 사람이 정죄에 이른 것 같이 한 의로운 행위로 말미암아 많은 사람이 의롭다 하심을 받아 생명에 이르렀느니라 한 사람이 순종하지 아니함으로 많은 사람이 죄인 된 것 같이 한 사람이 순종하심으로 많은 사람이 의인이 되리라"(롬 5:17-19).

지금 당신은 어느 족보에 있습니까? 첫 사람의 족보입니까? 둘째 사람의 족보입니까? 아직까지 아담의 족보 안에 있다면 지금 당장 예수께서 자신의 죄를 위하여 십자가에 못 박혀 돌아가시고 부활하신 사실, 즉 복음을 믿으십시오. 그러면 족보가 바뀝니다. 또한 이미 족보가 바뀌어 새로운 피조물이 되었음에도 불구하고 옛 사람의 모습으로 살아가고 있다면 이제부터라도 예수님처럼 하나님의 뜻대로 살겠다고 결단해야 합니다.

02 성령으로 거듭나야 새 사람이 될 수 있습니다

예수께서 성령으로 잉태되신 것은 단지 아담의 후손이 아니기 때문에 죄인이 아니라는 것만을 의미하지 않습니다. 예수께서 전혀 새로운 족보를 만드셨기 때문에 누구든지 새 사람이 될 수 있는 무한한 가능성을 열어놓으셨다는 것을 의미하는 것입니다. 마찬가지로 누구든지 성령으로 거듭나면 의인이 되어 새로운 삶을 살아갈 수 있습니다.

'거듭남'의 두 가지 의미

유대인의 지도자 중에 니고데모라는 사람이 있었습니다. 그는 밤에 예수님께 찾아와 거듭남의 비밀에 대하여 대화를 나누었습니다.

니고데모 – "우리가 당신은 하나님께로부터 오신 선생인 줄 아나이다 하나님이 함께하시지 아니하시면 당신이 행하시는 이 표적을 아무도 할 수 없음이니이다"(요 3:2).

예수님 – "진실로 진실로 네게 이르노니 사람이 거듭나지 아니하면 하나님의 나라를 볼 수 없느니라"(요 3:3).

니고데모 – "사람이 늙으면 어떻게 날 수 있사옵나이까 두 번째 모태에 들어갔다가 날 수 있사옵나이까?"(요 3:4).

두 사람의 짤막한 대화 속에서 무엇을 알 수 있습니까? 니고데모가 예수님의 말씀을 전혀 이해하지 못하고 있다는 것입니다. 즉 예수님께서 '거듭남의 비밀'에 대하여 말씀하셨지만 니고데모는 전혀 그 말을 이해하지 못했습니다. 그런데 이런 일이 니고데모에게만 국한된 일이 아닙니다. 지금도 '거듭남의 비밀'을 모르는 채 교회의 마당 뜰만 밟으며 종교생활을 하는 사람들이 너무나 많습니다. 당신에게 묻습니다. "정말 거듭났습니까?"

여기서 '거듭난다'는 말은 두 가지 의미를 내포하고 있습니다. 하나는 '위로부터' 난다는 뜻입니다. 즉 땅에서 난 자가 있듯이 하늘로부터 난 자가 있다는 것입니다. 땅에서 난 자를 아무개의 아들이라고 하고, 하늘로부터 난 자를 하나님의 자녀라고 합니다. 다른 하나는 '다시' 난다는 뜻입니다. 즉 두 번 탄생한다는 뜻으로 이미 육체의 생명을 가지고 있던 자가 다시 영적으로 새로운 생명을 얻는 것입니다.

어떻게 하면 우리가 이와 같이 거듭날 수 있을까요? 예수님을 마음으로 영접하면 하나님의 자녀로 거듭날 수 있습니다. "영접하는 자 곧 그 이름을 믿는 자들에게는 하나님의 자녀가 되는 권세를 주셨으니"(요 1:12, 참조 10:9-10). 그런데 아무나 예수님을 영접할 수 있는 것이 아닙니다. 성령의 도우심이 있어야 합니다. 성령으로 말미암지 않고서는 어느 누구도 예수님을 영접할 수 없고 거듭날 수 없습니다. 그래서 성경은 "그러므로 내가 너희에게 알리노니 하나님의 영으로 말하는 자는 누구든지 예수를 저주할 자라 하지 아니하고 성령으로 아니하고는 누구든지 예수를 주시라 할 수 없느니라"(고전 12:3)라고 말씀하고 있는 것입니다.

성령님은 항상 새 것을 창조하십니다

성령으로 거듭난 사람은 존재적으로 새로운 사람이 됩니다. 왜냐하면 성령은 새것을 창조하는 영이시기 때문입니다. 시편기자가 "주의 영을 보내어 그들을 창조하사 지면을 새롭게 하시나이다"(시 104:30)라고 고백한 것 같이, 성령은 새롭게 하는 영이시기 때문에 성령께서 역사하시는 곳에는 언제나 새로운 창조가 일어납니다. 우리가 죄와 사망의 법에서 해방되어 마귀의 자녀에서 하나님의 자녀가 되는 구원의 역사가 일어난 것은 바로 성령께서 역사하셨기 때문입니다. 그래서 성경은 "우리를 구원하시되 우리가 행한 바 의로운 행위로 말미암지 아니하고 오직 그의 긍휼하심을 따라 중생의 씻음과 성령의 새롭게 하심으로 하셨나니"(딛 3:5)라고 말씀하고 있는 것입니다.

그러나 성령님은 우리를 존재적으로만 새롭게 하시는 것이 아닙니다. 우리의 삶속에서도 새로운 변화를 가져오게 하십니다. 죄악의 늪에 빠져 있던 자가 거룩한 삶을 살게 되고, 사람들에게 손가락

질만 당하던 자가 칭찬 받는 사람이 되고, 믿음이 약했던 사람이 강해지고, 교만했던 자가 겸손해지고, 하찮은 일에도 쉽게 혈기를 내던 자가 온유하게 되는 것은 모두 성령께서 역사하시기 때문입니다.

당신에게도 이러한 변화가 필요하십니까? 그렇다면 성령을 사모하십시오. 성령의 충만을 받으면 당신의 삶 속에 놀라운 변화가 일어납니다. 기독교의 역사는 모두 성령으로 말미암아 변화된 인생을 살아간 사람들의 이야기로 엮어져 있습니다.

실제로 새 사람으로 살려면 성령충만을 받아야 합니다

사도행전을 보면 초대교회 성도들이 어떻게 살았는지를 엿볼 수 있습니다. 그들은 모든 물건을 서로 통용하고 재산과 소유를 팔아 각 사람의 필요를 따라 나눠 주었습니다(행 2:44-45). 심지어 스데반 집사는 복음을 증거하다가 돌에 맞아 순교했습니다. 한 마디로 그들은 예수님처럼 살았습니다.

그런데 우리의 모습은 어떻습니까? 동일한 주님을 섬기고 있지만 초대교회의 성도들과는 전혀 딴 판으로 살아가고 있습니다. 왜 그럴까요? 그것은 초대교회 성도들은 성령으로 충만했지만 현대 그리스도인들은 세상의 것으로 충만해 있기 때문입니다. 우리가 예수님처럼 살기 위해서는 성령의 충만을 받아야 합니다. 성령으로 거듭난 것으로 만족하지 말고 성령의 충만함으로 날마다 성령을 좇는 삶을 살아가야 합니다. 성령으로 거듭났을지라도 성령의 충만함으로 날마다 성령을 좇는 삶을 살지 않으면 예수님처럼 하나님의 뜻대로 살 수 없습니다(예수님처럼 성령충만한 삶을 살고 싶으시다면 필자의 저서 '왕처럼 사역하라'를 읽어보세요). 그래서 사도 바울은 다음과 같이 권면하고 있는 것입니다.

"내가 이르노니 너희는 성령을 따라 행하라 그리하면 육체의 욕심을 이루지 아니하리라 육체의 소욕은 성령을 거스르고 성령은 육체를 거스르나니 이 둘이 서로 대적함으로 너희가 원하는 것을 하지 못하게 하려 함이니라 너희가 만일 성령의 인도하시는 바가 되면 율법 아래에 있지 아니하리라 육체의 일은 분명하니 곧 음행과 더러운 것과 호색과 우상 숭배와 주술과 원수 맺는 것과 분쟁과 시기와 분냄과 당 짓는 것과 분열함과 이단과 투기와 술 취함과 방탕함과 또 그와 같은 것들이라 전에 너희에게 경계한 것같이 경계하노니 이런 일을 하는 자들은 하나님의 나라를 유업으로 받지 못할 것이요 오직 성령의 열매는 사랑과 희락과 화평과 오래 참음과 자비와 양선과 충성과 온유와 절제니 이 같은 것을 금지할 법이 없느니라 그리스도 예수의 사람들은 육체와 함께 그 정과 탐심을 십자가에 못 박았느니라" (갈 5:16-24).

03 새 사람이 되어야 예수님처럼 살 수 있습니다

우리는 성령으로 말미암아 거듭나서 새로운 사람이 되었습니다. 새로운 사람이 되었다는 것은 하나님의 뜻대로 살아갈 수 있는 자격증을 얻었음을 의미합니다. 따라서 성령으로 새롭게 거듭난 사람들은 의인이신 예수님을 본받는 삶을 살아가야 합니다. 힘들게 공부해서 의사면허증을 획득했어도 의료행위를 하지 않으면 모든 수고가 헛되듯이, 성령으로 거듭났어도 성령의 충만함으로 하나님의 뜻을 좇는 삶을 살지 않으면 거듭남의 의미가 없는 것입니다.

나는 누구인가?

살펴본 바와 같이 성령으로 말미암아 거듭난 그리스도인은 이미 족보가 바뀐 자입니다. 첫 사람 아담의 족보에서 둘째 사람인 예수님의 족보로 옮겨졌습니다. 첫 사람 아담의 족보 안에 있었을 때에는 예수님처럼 살고 싶어도 살 수 없었지만, 이제는 예수님의 족보 안에 있기 때문에 예수님처럼 살 수 있게 되었습니다. 그러함에도 불구하고 왜 예수님처럼 사는 그리스도인을 찾아보기 힘든 것일까요? 그 이유를 종전에 성령의 충만을 받지 못했기 때문이라고 했습니다. 그러나 그것보다 더 중요한 이유가 있습니다.

그것은 자신이 어떤 존재인지 정확히 모르고 있기 때문입니다. 성경은 성령으로 거듭난 자가 어떤 존재인지에 대해 분명히 말씀하고 있습니다.

> "그러나 너희는 택하신 족속이요 왕 같은 제사장들이요 거룩한 나라요 그의 소유가 된 백성이니 이는 너희를 어두운 데서 불러내어 그의 기이한 빛에 들어가게 하신 이의 아름다운 덕을 선포하게 하려 하심이라"(벧전 2:9).

그렇습니다. 성령으로 거듭난 그리스도인은 친히 하나님께서 택하셔서 자녀로 삼은 자요, 왕과 같은 제사장이요, 하나님의 거룩한 나라요, 하나님의 소유가 된 백성입니다.

"생각이 곧 그 사람이다"라는 말이 있듯이, 자신을 어떻게 생각하느냐가 곧 자신의 행동을 결정하게 됩니다. 당신은 자신을 어떤 사람으로 생각하고 있습니까? 왕과 같은 제사장으로 성령의 능력으로 예수님처럼 살아갈 수 있는 자라고 생각하고 있습니까? 아니면 마귀의 종으로 살 수밖에 없는 육신의 사람이라고 생각합니까? 만일 전자라고 생각한다면 그렇게 살기 위해서 성령의 충만을 구해야 합니다. 당신은 이미 성령으로 거듭난 그리스도인이기 때문에 성령의 충만을 받으면 예수님처럼 살아갈 수 있습니다.

예수님처럼 산다는 게 뭐요?

그리스도인은 누구나 예수님처럼 살아가야 합니다. 그런데 예수님처럼 산다는 것이 정확히 어떤 의미인지를 알아야 합니다. 일반적으로 사람들은 예수님처럼 산다는 의미를 예수께서 공생애 동안 병든 자를 고치시고 각종 능력을 행하신 것처럼 각종 능력을 행하는 삶으로 이해하려는 경향이 있습니다. 그런데 이처럼 사는 것만이 예수님처럼 사는 것일까요? 물론 우리는 예수님처럼 각종 능력을 행하는 삶을 살아가야 합니다. 그러나 이보다 더 중요한 의미가 있음을 알아야 합니다. 그것은 예수님께서 하나님의 뜻에 온전히 순종하신 것처럼, 우리도 하나님의 뜻에 온전히 순종해야 한다는 것입니다.

예수님께서 이 세상에 육신의 몸을 입고 오신 것부터 시작하여 공생애를 사시고 마지막 십자가에 못 박혀 죽으시고 부활 승천하셔서 다시 오실 것까지 모두 하나님의 뜻에 따르셨습니다. 예수께서 하나님의 뜻을 떠나서 행하신 것은 하나도 없습니다. 하나님의 주재권을 철저히 인정하시고 범사에 그분의 뜻에 복종하셨습니다. 예수님처럼 산다는 것은 바로 하나님의 뜻대로 산다는 것을 의미합니다.

그런데 우리는 어떻게 살아가고 있습니까? 예수님의 삶을 본받는 데는 별로 관심이 없습니다. 예수님의 이름으로 세상적인 복을 얻고 성공하는 데에만 온갖 관심을 쏟고 있습니다. 입으로는 예수님을 주님이라고 부르지만 실제의 삶속에서는 자신을 주인으로 섬기며 살아가고 있습니다. 주님의 뜻은 아랑곳하지 않고 자신의 기분과 감정에 따라 움직이고 있습니다. 그러나 예수께서 하나님의 뜻에 자신의 생각을 복종시키셨듯이, 우리도 하나님의 뜻에 우리의 생각을 복종시켜야 합니다.

하나님의 뜻이냐 내 뜻이냐

그런데 자신이 하나님의 뜻대로 살고 있는지 자신의 뜻대로 살고 있는지 어떻게 알 수 있을까요? 사람들의 칭찬을 통해서일까요? 아니면 자신의 양심을 통해서일까요? 아니면 삶의 형통을 통해서일까요? 아닙니다. 성경을 통해서 자신이 하나님의 뜻대로 살고 있는지 아닌지를 판단해야 합니다. 왜냐하면 성경은 하나님의 뜻을 기록한 책이기 때문입니다. 성경에서 '하라'는 것은 하고, '하지 말라'는 것은 하지 않는 자가 하나님의 뜻대로 사는 자입니다.

얼마 전, 'D3왕의사역'(성령의 능력으로 단 기간에 평신도를 사역자로 만드는 양육훈련시스템)을 글로벌화 하기 위해 국제적으로 중보기도사역을 왕성하게 전개하고 있는 김종필 선교사님('하라면 하겠습니다'의 저자, 미국 보스턴 소재 임마누엘 가스펠 센터의 바이탈리티 프로젝트 소장)을 만나 의논하고자 5박 6일의 일정으로 필리핀에 간 적이 있었습니다. 여행 중 비행기 내에서 이은상 목사님과 함께하게 되었습니다.

그분은 미국 캘리포니아 주립대학교에서 상담심리학 교수로 재직하다가 몇 년 전 한국으로 와서 호수교회를 개척하여 섬기고 있는데 특별히 미전도 종족 선교와 중보기도사역에 깊은 관심을 갖고 목회하고 있는 분입니다. 그분과 기내에서 오랫동안 유익한 대화를 많이 나눴는데 그분이 한 말 가운데 지금까지도 저의 뇌리에서 떠나지 않는 말이 있습니다.

"순종보다 더 쉬운 것은 없습니다. 왜냐하면 하나님께서 하라는 것은 하고, 하지 말라는 것은 하지 않으면 되기 때문입니다."

이 말을 듣는 순간 제 자신이 얼마나 부끄러웠는지 모릅니다. 왜냐하면 저는 당시 하나님께서 하라는 일에 순종하는 것보다는 제가 계획한 일이 얼마나 잘 되어가는지에 더 관심을 집중하고 있었기 때문입니다. 저는 잠시라도 주님의 뜻보다 저의 계획에 더 관심을 가졌던 것을 회개하고, 그 일을 계기로 더욱 더 주님의 뜻대로 살려고 노력하고 있습니다. 우리는 주님의 준엄한 경고의 말씀에 귀를 기울여야 합니다.

"나더러 주여 주여 하는 자마다 다 천국에 들어가는 것이 아니요 다만 하늘에 계신 내 아버지의 뜻대로 행하는 자라야 들어가니라"(마 7:21).

참고적으로 마태복음 7장 21절의 의미를 정확히 알아야 합니다. 많은 분들이 이 말씀을 근거로 하나님의 뜻대로 살아가야 천국에 갈 수 있다고 주장합니다. 그러나 이렇게 말하면 구원을 행함으로 얻게 된다는 결론에 도달하기 때문에 주의해야 합니다. 우리가 잘 알다시피 구원은 하나님의 은혜로 받는 것이지 우리의 행함으로 얻는 것이 아닙니다(엡 2:8-9).

예수께서 제자들에게 이 말씀을 하신 것은 어떻게 해야 구원을 받을 수 있는지를 가르치신 것이 아니라, 이미 구원받은 하나님의 백성들은 어떻게 살아야 하는지를 가르쳐주신 것입니다. 즉 거듭난 그리스도인은 하나님의 뜻에 순종하므로 열매 맺는 삶을 살아야 한다는 것을 강조하신 것이지, 하나님의 뜻대로 살아야만 천국에 들어갈 수 있다는 것을 말씀하신 것이 아닙니다. 따라서 이 말씀을 근거로 행함이 있어야 구원을 받는다고 주장하는 것은 올바른 것이 아닙니다.

Yes!

모든 그리스도인에게 하나님의 주재권을 인정하고
범사에 'Yes'로 살아가는 것보다
더 우선적이고 중요한 것은 없습니다.

2장

예수께서는 시험을 이기셨습니다

01 예수께서는 마귀에게 시험을 받으셨습니다

예수께서 이 땅에서 33년을 보내셨지만 공생애를 사신 것은 단지 3년에 불과했습니다. 즉 3년의 공생애를 사시기 위해 30년을 준비하신 것입니다. 그러나 예수께서 단지 30년을 준비하셨기 때문에 자동적으로 하나님의 뜻에 온전히 순종하는 삶을 사신 것이 아닙니다. 예수께서 순종의 삶을 사실 수 있었던 것은 먼저 마귀의 시험을 이기셨기 때문입니다. 만일 예수께서 마귀의 시험을 이기시지 못하셨다면 공생애 동안 하나님의 뜻에 온전히 순종하실 수 없었습니다.

마귀의 정체

우리가 하나님의 뜻에 순종하는 삶을 살기 위해서는 먼저 마귀의 시험을 통과해야 합니다. 그런데 마귀의 시험을 이기기 위해서는 먼저 마귀가 어떤 자인지를 정확히 알아야 합니다. 마귀의 정체는 무엇일까요? 성경은 마귀가 어떤 자인지를 정확히 말씀하고 있습니다.

"자기 지위를 지키지 아니하고 자기 처소를 떠난 천사들을 큰 날의 심판까지 영원한 결박으로 흑암에 가두셨으며"(유 6).

"큰 용이 내쫓기니 옛 뱀 곧 마귀라고도 하고 사탄이라고도 하며 온 천하를 꾀는 자라 그가 땅으로 내쫓기니 그의 사자들도 그와 함께 내쫓기니라"(계 12:9).

위 말씀에서 알 수 있듯이 마귀란 본래 천사로 창조되어 특수사명을 임무 받아 모든 일에 완전하였지만, 마음이 교만해지자 자기 지위에 불만을 품고 자기 처소를 떠나 타락하여 악령이 된 자입니다. 마귀를 사탄이라고도 하는 이유는 같은 존재이지만 마귀는 하나님과 인간 사이를 이간한다는 의미에서 붙여진 이름이고, 사탄은 하나님을 대적하고 반역한다는 의미에서 붙여진 이름이기 때문입니다.

천사가 언제 타락하여 마귀가 되었는지 정확히 알 수는 없지만 마귀가 뱀의 모습으로 아담을 유혹하여 넘어지게 한 것으로 보아 첫 사람 아담보다 훨씬 먼저 타락했음을 알 수 있습니다. 마귀는 타락 후, 그의 졸개들과 함께 아담을 넘어뜨린 때부터 하늘과 땅을 장악하고 모든 사람을 자신의 종으로 삼으려는데 혈안이 되어 있습니다. 그러나 만왕의 왕이신 예수께서 이 세상에 오셔서 십자가에 못 박혀 돌아가심으로 마귀는 결정적으로 패하게 되었으며(요일 3:8), 장차 7년 대환란 시 최후로 발악하다가 무저갱(無底坑)에 감금될 것이며, 천년왕국 끝에 가서 잠깐 놓임을 받으나 곧 불과 유황 못에 던져져 영원히 멸망당하게 될 것입니다(창 3:1-6; 사 14:13-14; 겔 28:14-15; 벧후 2:4; 계 12:7-9, 20:3-10).

그러면 귀신의 정체는 무엇일까요? 성경에는 "귀신의 정체는 이것이다"라고 말하는 구절이 없습니다. 그래서 여러 주장들이 제기되고 있지만 두 견해가 가장 유력합니다. 하나는 '타락한 천사의 영'으로 보는 견해이고, 다른 하나는 '불신자의 사후의 영'으로 보는 견해입니다. 그러나 성경에는 귀신을 '불신자의 사후의 영' 임을 뒷받침하는 구절이 하나도 없습니다. 반면에 '타락한 천사의 영' 임을 뒷받침하는 구절은 여러 곳에 등장하고 있습니다. 예를 들어, 귀신이 추락하는 것과 사탄이 추락하는 것을 동일시하고(눅 10:17-18), 예수께서 귀신의 왕이 귀신을 쫓아내는 것을 사탄이 스스로 분쟁하는 것으로 표현하셨습니다(마 12:24-26). 즉 귀신은 마귀가 부리는 영으로 본질적으로 같은 존재인 것입니다.

마귀의 시험의 의미

그러면 왜 마귀는 첫 사람 아담을 유혹하여 넘어뜨린 것으로 만족하지 않고 둘째 아담이신 예수님마저도 넘어뜨리려고 하는 것일까요? 그 이유를 알면 우리가 마귀와의 영적 싸움에서 승리하는데 큰 도움을 얻을 수 있습니다.

아는 바와 같이 하나님께서 아담에게 모든 것을 마음대로 할 수 있도록 허락하셨지만 오직 선악을 알게 하는 나무의 과실, 즉 선악과만큼은 먹지 말라고 하셨습니다. 그런데 마귀는 아담에게 선악과를 먹으면 하나님과 같이 된다고 유혹하여 하나님께서 금하신 선악과를 먹게 하였습니다. 즉 마귀가 아담에게 선악과를 먹도록 유혹한 것은 하나님의 말씀에 순종하지 말고 자기의 말에 순종하라는 뜻입니다.

마귀는 예수님께 세 가지 시험을 했습니다. 첫째는 돌로 떡덩이가 되게 하라는 것이고, 둘째는 성전꼭대기에서 뛰어내리라는 것이고, 셋째는 천하만국과 영광을 보여주며 마귀에게 엎드려 경배하라는 것입니다. 세 가지 시험의 내용은 다르지만 결국 한 가지 시험입니다. 하나님의 말씀에 순종하지 말고 자신의 뜻을 따르라는 것입니다. 즉 하나님의 주재권을 인정하지 말고 자신을 주인으로 섬기라는 것입니다.

마귀의 세 가지 시험

우리는 예수께서 받으신 시험을 좀 더 구체적으로 살펴보고 타산지석(他山之石)으로 삼아야 합니다.

첫 번째 시험은, 가장 기본적인 육신의 자랑(육신의 정욕)에 관한 것입니다. 마귀는 예수께서 광야에서 40일 금식 후, 극도로 굶주리신 상태에 계실 때 시험을 했습니다. 즉 음식을 곧 섭취하지 않으면 죽을지도 모르는 매우 절박한 상황에서 시험을 했습니다. 그렇습니다. 마귀의 시험은 매우 절박한 상황에서 다가옵니다. 마치 마귀의 말을 듣지 않으면 죽을 것 같은 상황에서 시험을 한다는 말입니다.

어떤 말로 시험을 했습니까? "네가 만일 하나님의 아들이어든 이 돌들에게 명하여 떡덩이가 되게 하라." 마귀는 우선 '네가 만일 하나님의 아들이어든' 이라는 말로 시작했습니다. 이 말은 너는 하나님의 아들이기 때문에 능히 돌을 떡으로 만들 수 있는데 왜 그렇게 굶고 있느냐는 말입니다. 즉 육신의 정욕을 따라 움직이라는 것입니다.

그러나 예수께서 광야에서 40일 금식을 하신 것은 먹을 것을 준비하지 못해서가 아닙니다. 하나님께서 주신 사명을 자신의 힘으로 감당하지 않고 하나님의 능력으로 감당하기 위해서 하신 것입니다. 절박한 상황에서 우리의 육신의 정욕을 크게 부각시켜 하나님의 말씀대로 살지 못하게 하는 것은 마귀의 시험인 줄로 알고 곧 물리쳐야 합니다. 그리스도인은 육신이 원하는 것을 좇는 자가 아니라, 하나님의 뜻을 좇아 살아가는 자입니다.

두 번째 시험은, 안목의 정욕(명예욕)에 대한 것입니다. 예수께서 첫 번째 시험에서 넘어가시지 않자 마귀는 두 번째 시험을 했습니다. "이에 마귀가 예수를 거룩한 성으로 데려다가 성전 꼭대기에 세우고, 이르되 네가 만일 하나님의 아들이어든 뛰어내리라 기록되었으되 그가 너를 위하여 그의 사자들을 명하시리니 그들이 손으로 너를 받들어 발이 돌에 부딪치지 않게 하리로다 하였느니라"(마 4:5-6, 참조 눅 4:9-11).

마귀는 하나님의 약속의 말씀을 인용하여 예수님을 시험했습니다. 그러나 하나님께서 우리에게 약속의 말씀을 주신 것은 시험을 위해서가 아니라, 순종을 위해서 입니다. 즉 하나님의 말씀은 믿음과 순종의 대상이지 시험과 의심의 대상이 아닙니다. 따라서 우리는 하나님의 말씀에 순종하려고 해야지 시험을 해서는 안 됩니다. 예를 들어, 건강을 해치는 일을 하면서 하나님께 건강을 달라고 기도하거나, 말씀대로 살지 않으면서 형통의 복을 구하거나, 자녀들을 주의 말씀과 기도로 양육하지 않으면서 그들이 믿음으로 승리하는 삶을 살게 해달라고 기도하는 것은 하나님의 말씀을 시험하는 행위입니다.

　사실 두 번째 마귀의 시험은 예수님께 매우 어려운 것이었습니다. 왜냐하면 만일 예수께서 뛰어내리지 않는다면 믿음 없는 사람처럼 보일 것이고, 또한 예루살렘은 해발 800m나 되고 성전 꼭대기는 그곳에서 제일 높은 곳으로 이목이 집중되는 곳이라 그곳에서 뛰어내리면 수많은 군중들이 자신을 군림하는 왕으로 추대할 것이 분명했기 때문입니다. 그러나 예수께서는 세상의 영광을 좇으라는 마귀의 유혹을 물리치셨습니다.

　지금도 마귀는 우리에게 자신을 자랑하거나 과시하고 싶은 명예욕에 집착하게 하고 칭찬을 받고 박수갈채를 받아야 존재감을 느끼도록 유혹을 합니다. 대부분의 그리스도인들이 이 시험에 넘어지고 있습니다. 특별히 지도자들 가운데 이 시험에 넘어지는 자들이 허다합니다. 오로지 주님만이 우리의 자존심과 명예임을 알고 자신을 자랑하거나 높임 받고 싶은 마음이 들면 마귀의 시험인 줄 알고 즉시 물리쳐야 합니다.

　세 번째 시험은, 이생의 자랑(소유욕)에 대한 것입니다. 예수께서 두 번이나 시험을 이기시자 마귀는 마지막으로 또 다른 시험을 했습니다. 마귀는 예수님을 높은 곳으로 데리고 가서 세상에서 누릴 수 있는 모든 권세와 영광을 보여주며 만일 자신에게 엎드려 절하면 그 모든 것을 네게 주겠다고 유혹했습니다(마 4:8-9, 참조 눅 4:5-7). 그러나 예수께서는 그 유혹을 물리치셨습니다. 왜냐하면 십자가를 통과하지 않고서는 영광을 얻을 수 없다는 사실을 알고 계셨기 때문입니다. 그렇습니다. 대가를 지불하지 않고서는 영광을 얻을 수 없습니다.

마귀는 항상 정당한 대가를 지불하지 않고서도 뭔가를 쉽게 얻을 수 있는 것처럼 유혹하지만 그것은 속임수에 불과합니다. 충분한 대가를 지불하지 않고 하루아침에 많은 것을 소유할 것이라고 생각하는 것은 모두 마귀의 시험인 줄로 알고 물리쳐야 합니다.

많은 그리스도인들이 하루아침에 부자가 되고 싶은 욕망에 사로잡혀 있습니다. 그래서 로또복권을 사기도 하고 과도하게 부동산에 투기를 하기도 합니다. 그러나 재물을 쉬운 방법으로 취득하는 것은 주님의 방법이 아닙니다. 이미 마귀의 유혹에 사로잡혔음을 알고 빠져나오도록 기도해야 합니다.

요사이 캐나다 교민사회가 크게 술렁이고 있습니다. 왜냐하면 캐나다 밴쿠버에서 '서플러스 퓨처스'라는 투자회사를 운용해오던 김○○ 씨가 교민 200여명으로부터 약 330억 원을 챙긴 후 한국으로 도주했다가 최근 한국 경찰에 체포되는 일이 발생했기 때문입니다.

그런데 '김○○'이라는 사람은 어떤 사람인지 아십니까? 그는 밴쿠버 교민 사회에서 선량한 기독교인 사업가 '김 집사'로 알려져 있었습니다. 교회에서 가장 많이 헌금을 하고, 각종 자선행사에서 가장 많은 금액을 쾌척하고, 전폭적인 신뢰 속에 교회 회계를 담당했고, 'CBMC'라는 기독교실업인단체의 회장직을 맡았던 사람입니다. 또 아우디 A6와 혼다 아큐라 MDX 등 고급차 2대를 굴리고, 고급 저택에 거주하며, 자녀들은 캐나다의 최고급 명문 사립학교에 다니고, 수시로 해외여행을 다니며 명품을 쇼핑하는 등 화려한 생활로 교민들의 선망의 대상이 되고 있었습니다.

그는 이런 신망을 바탕으로 같은 교회 교인들뿐 아니라, 교민들에게 "미국 선물과 국채가 가장 안전한 투자처다. 한 해 30~40%의 이자를 보장하겠다"는 말로 꼬드겨서 수백억원의 투자를 받아 가로챘다가 덜미를 잡힌 것입니다.

왜 이런 일이 일어났을까요? '고수익 저위험'이라는 말에 속아 넘어갔기 때문입니다. 그러나 '고수익 저위험'이라는 말은 '스님의 상투'처럼 아예 존재하지 않는 말입니다. 그런데 왜 사람들이 존재하지도 않는 말을 믿고 적게는 수백만 원에서 많게는 30억까지 투자를 했을까요? 그의 모범적인 신앙생활과 화려한 생활 때문이었을까요? 아닙니다. 겉으로만 그렇게 보일 뿐 진짜 이유는 다른 데 있었습니다. 한 마디로 '욕심' 때문이었습니다. 욕심만 부리지 않았다면 김00씨가 아무리 고수익을 보장한다고 했어도 투자하지 않았을 것입니다. 결국 욕심이 화를 부른 것입니다(약 1:15). 우리는 바울의 권면에 귀를 기울여야 합니다.

> "우리가 먹을 것과 입을 것이 있은즉 족한 줄로 알 것이니라 부하려 하는 자들은 시험과 올무와 여러 가지 어리석고 해로운 욕심에 떨어지나니 곧 사람으로 파멸과 멸망에 빠지게 하는 것이라"(딤전 6:8-9).

그런데 세 번째 마귀의 시험과 관련하여 한 가지 짚고 넘어가야 할 것이 있습니다. 과연 마귀가 이 세상의 권세와 영광을 줄 수 있는 자격이 있느냐는 것입니다. 마귀는 "이 모든 것은 내게 넘겨준 것이며, 따라서 내가 원하는 자에게 줄 수 있다"라고 말했지만 그 말은 거짓말입니다. 왜냐하면 하나님께서 마귀에게 이 세상의 모든 권세와 영광을 주신 적이 없기 때문입니다. 단지 마귀의 유혹에 넘어가 죄에 굴복하는 경우에만 사람들을 주관하도록 허락되었을 뿐입니다. 태초부터 지금까지 이 세상의 주인은 오직 주님 한 분밖에 없습니다. 마귀는 하나님의 주인 되심을 무너뜨리기 위해서 거짓말로 유혹했을 뿐임을 알아야 합니다.

예수께서 시험을 이기신 비결

아담은 마귀의 유혹에 넘어졌지만 예수님은 마귀의 시험을 이기셨습니다. 즉 첫 사람 아담은 마귀의 유혹에 넘어가 '선악과를 먹지 말라'는 하나님의 말씀을 어겼지만, 둘째 사람인 예수님은 마귀가 유혹을 할 때마다 하나님의 말씀에 순종을 하셨습니다. 예수께서 마귀가 시험할 때마다 하나님의 말씀을 사용하심으로 승리하셨습니다(마 4:4, 7, 10).

그런데 예수께서 어떻게 마귀가 시험할 때마다 말씀으로 물리치실 수 있었을까요?

첫째로, 하나님의 뜻대로 사는 것을 인생의 목적으로 삼으셨기 때문입니다. 예수께서는 이 세상에 오신 목적이 자신의 뜻이 아니라 하나님의 뜻을 행하기 위한 것임을 알고 계셨습니다. "내가 하늘에서 내려온 것은 내 뜻을 행하려 함이 아니요 나를 보내신 이의 뜻을 행하려 함이니라"(요 6:38; 갈 1:4). 그렇습니다. 하나님의 뜻대로 사는 것을 가장 중요하게 생각하는 사람은 하나님의 말씀을 거역하라는 마귀의 유혹에 넘어가지 않습니다.

둘째로, 하나님을 진심으로 사랑하셨기 때문입니다. 하나님에 대한 사랑과 순종은 불가분의 관계에 있습니다. 주님을 사랑하는 자만이 주님의 계명을 지킬 수 있습니다. "나의 계명을 지키는 자라야 나를 사랑하는 자니 나를 사랑하는 자는 내 아버지께 사랑을 받을 것이요 나도 그를 사랑하여 그에게 나를 나타내리라"(요 14:21). 평소 예수께서 하나님을 사랑하셨기 때문에 위기의 상황에서도 마귀의 시험을 이기시고 하나님의 말씀에 순종하셨던 것입니다. 하나님의 말씀에 순종하기 위해서는 늘 주님을 사랑하는 마음을 유지하도록 노력해야 합니다.

셋째로, 늘 하나님의 말씀을 묵상하셨기 때문입니다. 예수께서 마귀가 유혹할 때마다 성경을 보시지 않고 직접 말씀을 인용하실 수 있었던 것은 평소에 하나님의 말씀을 그의 마음 판에 새겨놓았기 때문입니다. 지식으로만 아는 말씀으로는 마귀의 시험을 이길 수 없습니다. 날마다 말씀을 암송하고 묵상하여 마음에 새겨 두어야 위기의 상황을 만났을 때에 말씀으로 승리할 수 있는 것입니다.

넷째로, 하나님의 말씀에 순종하는 자에게 영원한 상급이 있음을 아셨기 때문입니다. 마귀는 항상 정욕적이고 찰나적인 영광으로 우리를 유혹합니다. 마귀의 세 가지 시험, 즉 돌로 떡을 만들라는 시험, 성전꼭대기에서 뛰어내리라는 시험, 마귀에게 절하면 세상의 모든 영광을 얻을 수 있다는 시험은 모두 이 세상에서만 잠시 누릴 수 있는 것들입니다. 예수께서 찰나적인 영광에 대한 시험을 물리치실 수 있었던 것은 하나님의 말씀에 순종하면 그에 따른 상급이 영원하다는 것을 믿으셨기 때문입니다.

"이 세상도, 그 정욕도 지나가되 오직 하나님의 뜻을 행하는 자는 영원히 거하느니라"(요일 2:17).

02 우리도 마귀의 시험을 이겨야 합니다

　　첫 사람 아담으로부터 시작된 마귀의 시험은 지금까지도 끊임없이 모든 그리스도인들에게 자행되고 있기 때문에 마귀의 시험으로부터 자유로운 사람은 하나도 없습니다. 왜 모든 사람이 마귀의 시험을 받을 수밖에 없는 것일까요?

마귀 공격의 당연성

　　그것은 우리가 예수님을 믿기 전에는 마귀의 자녀였으나 이제는 하나님의 자녀가 되었기 때문입니다(요 8:44, 1:12). 이 세상에 자기의 자녀를 빼앗기고 가만히 있을 자는 하나도 없습니다. 그래서 마귀의 공격은 당연한 것입니다. 그런데 마귀가 우리를 어떻게 공격하는지를 알아야 합니다. 베드로는 마귀의 공격을 마치 먹이를 찾아 두루 다니는 우는 사자에 비유해서 말하고 있습니다.

　　"근신하라 깨어라 너희 대적 마귀가 우는 사자같이 두루 다니며 삼킬 자를 찾나니"(벧전 5:8).

　　사자는 백수(百獸)입니다. 즉 모든 짐승의 우두머리입니다. 그런데 사자가 우는 경우는 단 한 번, 배고플 때입니다. 배고픈 사자가

먹이를 포착했다고 생각해 보십시오. 얼마나 무섭고 빠르게 공격을 하겠습니까? 마치 사탄이 우리를 그렇게 공격한다는 것입니다.

그런데 참으로 안타까운 사실은 마귀가 이토록 무섭게 우리를 공격함에도 불구하고 그것을 알아차리고 마귀의 공격을 대비하며 사는 그리스도인이 많지 않다는 것입니다. 누군가 당신을 쫓아다니면서 늘 공격할 기회를 엿보고 있다는 것을 알면 어떻게 하겠습니까? 방어전선을 구축하고 적의 공격에 대비하여 만반의 준비를 할 것입니다. 결코 가만히 앉아서 당하고만 있지는 않을 것입니다. 우리는 마귀의 유혹을 이기기 위해 믿음의 진지를 구축하고 전신갑주를 입고 기도의 초병을 세워 경계를 강화해야 합니다.

마귀의 시험은 능히 이길 수 있습니다

그러나 마귀가 우는 사자처럼 공격해도 조금도 걱정할 필요가 없습니다. 왜냐하면 마귀를 이기신 주님께서 우리가 이기도록 도와주시기 때문입니다. 마귀는 두려움의 대상이 아니라 물리쳐야 할 대상에 불과할 뿐입니다. 어떻게 하면 마귀의 공격을 이길 수 있을까요? 예수께서 마귀의 시험을 받으셨을 때에 하신 대로 하면 됩니다 (눅 4:1-13).

첫째로, 성령의 충만을 받아야 합니다. 예수님은 시험을 받으실 때에 성령 충만한 상태에 계셨습니다. "예수께서 성령의 충만을 입어 요단강에서 돌아오사 광야에서 사십일 동안 성령에게 이끌리시며 마귀에게 시험을 받으시더라"(눅 4:1-2). 따라서 마귀와의 영적 전쟁에서 승리하기 위해서는 성령 충만한 상태를 유지해야 합니다.

둘째로, 날마다 마귀와의 영적 전쟁을 인식하고 있어야 합니다. 마귀가 눈에 보이지 않지만 자신을 공격하는 적으로 인식해야 합니다. 싸울 상대가 하나도 없다고 생각하는 사람은 싸울 생각조차 하지 않습니다. 손자병법은 "지피지기 백전불패"라고 말하고 있습니다. 마귀의 공격을 인식하는 만큼 영적 전쟁에서 승리할 수 있습니다.

셋째로, 믿음으로 하나님의 말씀을 사용해야 합니다. 하나님께서는 성도들이 사탄과의 영적 전투에서 승리할 수 있도록 영적인 무기를 주셨는데 그것이 바로 하나님의 말씀입니다. 그래서 바울은 "구원의 투구와 성령의 검 곧 하나님의 말씀을 가지라"(엡 6:17)라고 권면한 것입니다. 그런데 영적 무기를 가지고만 있으면 안 됩니다. 믿음으로 사용해야 합니다. 예수께서도 시험을 받을 때마다 기록된 말씀을 사용하셔서 적의 공격을 무력화시키셨습니다.

넷째로, 늘 깨어 기도해야 합니다. 왜냐하면 마귀의 시험은 한두 번으로 끝나지 않고 계속되기 때문입니다. "마귀가 모든 시험을 다 한 후에 얼마 동안 떠나니라"(눅 4:13). '얼마 동안 떠나니라'는 말은 마귀가 또 공격할 것을 암시합니다. 마귀는 주님께서 재림하셔서 마지막으로 심판하실 때까지 계속해서 우리를 공격할 것입니다. 따라서 그리스도인은 항상 깨어 기도해야 합니다(벧전 4:7). 기도하지 않고서는 마귀의 시험을 이길 수 없습니다(마 26:42). 기도는 시험을 이기는 명약입니다. 예수께서 십자가의 시험을 이기실 수 있었던 것은 겟세마네 동산에서 기도하는 일에 승리하셨기 때문이고, 제자들이 시험에 들었던 것은 기도해야 할 시간에 잠을 잤기 때문입니다.

다섯째로, 세상을 사랑하지 말아야 합니다. 사도 요한은 시험을 이기라고 하면서 다음과 같이 권면하고 있습니다. "이 세상이나 세상에 있는 것들을 사랑하지 말라 누구든지 세상을 사랑하면 아버지의 사랑이 그 안에 있지 아니하니 이는 세상에 있는 모든 것이 육신의 정욕과 안목의 정욕과 이생의 자랑이니 다 아버지께로부터 온 것이 아니요 세상으로부터 온 것이라"(요일 2:15-16). 세상을 사랑하는 마음은 마귀로부터 오기 때문에 이런 마음을 가지면 마귀의 시험을 이길 수 없습니다.

여러 사람들에게 존경을 받는 마치 성자와도 같은 랍비가 있었습니다. 그는 항상 마음의 평화를 잃지 않았고 행동은 정결하고 의로웠기 때문에 많은 사람들에게 감동을 주었습니다. 어느 날 수업시간에 한 학생이 물었습니다.

"선생님, 무척 화가 나는 상황에서도 선생님은 어떻게 그렇게 평온하실 수 있는지 비결을 가르쳐 주십시오. 선생님에게는 시험이나 유혹이 닥치지 않나요? 죄가 주는 쾌락이 선생님을 금지된 길로 유혹한 적은 없나요? 만일 유혹을 받으셨다면 그 때는 어떻게 하셨습니까?"

그러자 랍비는 빙그레 웃으며 이렇게 대답해 주었습니다.

"너희들이 무엇을 말하는지 알겠다. 너희들을 괴롭히는 악한 죄의 유혹이 왜 내게인들 없겠느냐? 그러나 그러한 유혹이 마음을 두드릴 때 나는 사탄에게 단호히 명령한다. 지금 내 마음에는 하나님이 가득 차 있기 때문에 비어있는 자리가 없다."

그렇습니다. 세상 사랑하는 마음을 비우고 그 빈 공간에 주님 사랑하는 마음을 가득 채우면 마귀의 시험을 넉넉히 이길 수 있습니다.

03 시험을 이겨야 예수님처럼 살 수 있습니다

흔히 사람들은 예수께서 마귀에게 시험 받으신 것을 자신들과는 무관한 것으로 생각합니다. 그러나 예수께서 시험을 받으신 것은 결코 그분만의 것이 아닙니다. 우리가 받아야 할 시험을 예수께서 미리 받으시고, 어떻게 해야 우리도 마귀의 시험을 이길 수 있는지를 보여주신 것입니다.

예수님의 시험 곧 나의 시험

우리는 예수께서 마귀에게 받으신 시험을 자신이 받아야 할 시험으로 생각해야 합니다. 예수께서도 자신이 받으신 시험을 우리도 받아야 한다는 것을 알고 계셨기 때문에 주기도를 통하여 "시험에 들지 말게 해 달라"(마 6:13; 눅 11:4)고 기도하라고 가르쳐주신 것입니다.

그러면 우리가 어떤 시험을 이겨야 할까요? 마귀가 예수님을 시험한 모든 시험을 다 이겨야 합니다. 시험은 세 가지이지만 하나의 시험입니다. 하나님의 말씀에 순종하지 말고 자기의 말에 순종하라는 것입니다. 즉 하나님의 주재권을 인정하지 말라는 것입니다. 에덴동산에서 마귀가 아담에게 금지된 선악과를 먹으라고 유혹했던 것도 하나님의 주재권을 인정하지 못하도록 하기 위한 것이었습니다. 예수께서 마귀의 시험을 이기신 후 공생애를 시작하셨듯이, 우리도 마귀의 시험을 이겨야만 예수님처럼 하나님의 뜻에 날마다 'Yes'로 순종하는 삶을 살아갈 수 있습니다.

예수께서 시험을 이기도록 도와주십니다

우리의 힘으로는 마귀의 시험을 이길 수 없기 때문에 주님의 도우심을 받아야 합니다. 예수께서는 마귀의 시험을 받아 고난을 당하셨기 때문에 시험을 당할 때에 우리를 도우실 수 있습니다. "그가 시험을 받아 고난을 당하셨은즉 시험 받는 자들을 능히 도우실 수 있느니라"(히 2:18). 또한 예수께서 육체로 계실 때에 연약함을 경험하셨기 때문에 혹 우리가 연약함으로 시험에 넘어져도 불쌍히 여기시고 너그러이 대하십니다. "저가 무식하고 미혹한 자를 능히 용납할 수 있는 것은 자기도 연약에 싸여 있음이니라"(히 5:2).

그러나 우리가 시험당할 때에 주님의 도움을 받기 위해서는 주님께 도움을 청해야 합니다. "우리에게 있는 대제사장은 우리 연약함을 동정하지 못하실 이가 아니요 모든 일에 우리와 똑같이 시험을 받으신 이로되 죄는 없으시니라 그러므로 우리는 긍휼하심을 받고 때를 따라 돕는 은혜를 얻기 위하여 은혜의 보좌 앞에 담대히 나아갈 것이니라"(히 4:15-16).

혹 감당할 수 없는 시험으로 절망 가운데서 자포자기하고 있지는 않습니까? 시험을 이기신 주님께 도움을 청하십시오. 모든 시험을 이기신 예수께서 당신이 시험을 이기도록 능히 도와주실 것입니다.

왜 우리를 도와주실까요?

그런데 왜 예수께서 마귀의 시험에서 이기도록 우리를 도우시는지 알아야 합니다. 여러 가지 이유가 있지만 가장 중요한 것은 우리로 하여금 하나님의 뜻에 순종하게 하기 위해서 입니다. 그렇습니다. 마귀는 우리가 하나님의 말씀에 순종하지 못하도록 시험을 하고, 예수께서는 우리가 하나님의 말씀에 순종하도록 마귀의 시험을 이기게 도와주시는 것입니다.

어느 누구도 마귀와의 싸움에서 승리하지 않고서는 하나님의 말씀에 순종할 수 없습니다. 따라서 우리가 하나님의 말씀에 순종하기 위해서는 먼저 마귀와의 싸움에서 승리해야 합니다. 전쟁을 하다보면 적의 공격을 받아 아군의 진지가 파괴될 수도 있듯이, 우리가 마귀와 영적 전쟁을 하다보면 마귀의 공격을 받아 상처를 입을 수도 있습니다. 그러나 그 상처는 영광의 상처입니다. 왜냐하면 그것은 하나님의 말씀에 순종하기 위해 싸우다가 얻은 흔적이기 때문입니다. 당신은 하나님의 말씀대로 살기 위해 마귀의 공격으로부터 얻은 상처를 가지고 있습니까?

제가 목회하면서 가장 기쁠 때는 성도들이 마귀의 시험을 이기고 하나님의 말씀에 순종했다는 간증을 들을 때입니다. 저는 매주 오후 예배시간에 성도들이 삶 속에서 하나님의 말씀을 어떻게 실천했는지를 나누는 시간을 가집니다. 성도들이 대부분 하나님의 말씀과 무관하게 살고 있기 때문에 거의 입을 꽉 다물고 있습니다.

그런데 어쩌다가 마귀의 시험을 이기고 하나님의 말씀에 순종한 간증을 들으면 기뻐서 어쩔 줄 몰라 박장대소를 합니다. 그러나 저보다도 더 기뻐하시는 분이 계십니다. 누구실까요? 하나님의 말씀대로 사는 삶을 보여주시기 위해서 오신 예수 그리스도이십니다. 하나님의 자녀가 되었지만 하나님의 말씀대로 순종하지 못하는 것은 마귀의 시험을 이기지 못했다는 증거입니다. 마귀와의 싸움에서 이긴 자만이 하나님의 뜻대로 살아갈 수 있음을 알고, 날마다 주님의 도우심으로 마귀의 유혹을 물리쳐야 합니다.

예수 그리스도는 삶의 모델이시기에
모든 그리스도인은 예수님의 삶을 본 받아야 합니다.
무엇보다도 예수님처럼
범사에 하나님의 주재권을 인정하고 그분의 뜻에
온전히 순종하는 삶을 살아야 합니다.
하나님 앞에서 그리스도인은 항상 'Yes'만 있을 뿐입니다.

3장

예수께서는 그리스도인의 모델이십니다

01 예수께서는 하나님의 주재권을 인정하셨습니다

주재권(主宰權·Lordship)이란 하나님께서 자신의 주인 되심을 인정하고 하나님의 뜻에 순종하는 것을 의미합니다. 예수께서는 공생애 동안 처음부터 끝까지 하나님의 주재권을 인정하는 삶을 사셨습니다. 예수께서 성령으로 세 가지 사역, 즉 가르치고, 전파하고, 치유하는 사역을 하신 것이나, 중요한 문제가 있을 때마다 기도하시고, 마지막으로 십자가에 못 박혀 돌아가신 것 등은 하나님의 주재권을 인정하신 데서 비롯된 것입니다.

오직 'Yes'의 신앙

예수께서 주재권을 인정하신 삶은 한 마디로 고린도후서 1장 19절에 잘 표현되어 있습니다.

> "우리 곧 나와 실루아노와 디모데로 말미암아 너희 가운데 전파된 하나님의 아들 예수 그리스도는 예 하고 아니라 함이 되지 아니하셨으니 그에게는 예만 되었느니라"(고후 1:19).

이 말씀은 예수께서 하나님께 단 한 번도 '아니오'라고 하신 적이 없다는 뜻입니다. 언제나 예수께서는 하나님의 주재권을 인정하시고 순종의 삶을 사셨다는 것을 의미합니다.

예수께서 어떻게 그렇게 사실 수 있었을까요? 예수께서 "내가 하늘에서 내려온 것은 내 뜻을 행하려 함이 아니요 나를 보내신 이의 뜻을 행하려 함이니라"(요 6:38-39)라고 말씀하신 것처럼, 자신이 이 세상에 오신 이유를 하나님의 주재권을 인정하는 삶을 사는 것으로 인식하셨기 때문입니다. 그렇습니다. 예수께서는 자신의 존재 목적을 그렇게 이해하셨기 때문에 마귀의 유혹을 이기시고 하나님의 뜻대로 살아가셨던 것입니다.

예수께서 하나님의 주재권을 인정하신 삶은 크게 두 가지로 나눌 수 있습니다. 하나는 청지기로 사신 것이고, 다른 하나는 십자가에 못 박혀 돌아가신 것입니다. 즉 예수께서는 공생애 동안 시간, 물질, 몸, 은사와 재능의 청지기적 삶을 통하여 하나님의 주재권을 인정하셨고, 십자가에 못 박혀 돌아가심으로 그것을 완성하셨던 것입니다.

주재권과 청지기

청지기는 '관리자(manager, steward)', '시중드는 자', '섬기는 자'라는 뜻을 갖고 있습니다. 즉 청지기란 하나님께서 맡겨 주신 재물과 시간 등을 관리하고 주인을 시중들고 섬기는 자입니다. 그런데 예수께서 자기 마음대로 사시지 않고 하나님의 것을 맡아 관리하고 섬기는 청지기로 사셨습니다. 예수님의 청지기적 삶은 히브리서에 구체적으로 잘 나타나 있습니다.

> "그러므로 그가 범사에 형제들과 같이 되심이 마땅하도다 이는 하나님의 일에 자비하고 신실한 대제사장이 되어 백성의 죄를 속량하려 하심이라"(히 2:17).
>
> "그리스도는 하나님의 집을 맡은 아들로서 그와 같이 하셨으니"(히 3:6).

예수께서는 하나님의 뜻을 이루시기 위해 이 땅에 오셔서 하나님의 집인 교회에 충성을 하셨습니다. 즉 최고의 충성스러운 청지기로 사셨습니다. 예수께서 청지기로 사신 것은 하나님의 주재권을 인정하신 것입니다. 하나님의 주재권을 인정하지 않는 사람은 청지기로 살아갈 수 없습니다. 하나님을 자신의 인생의 주인으로 고백하는 사람은 누구나 청지기로 살아가야 합니다.

주재권과 십자가

예수께서는 아무런 죄가 없으셨지만 우리의 죄를 대신하여 십자가에 못 박혀 돌아가셨습니다. 예수께서 하나밖에 없는 목숨을 우리를 위하여 십자가에 내어주실 수 있었던 것은 우리를 너무 사랑하셨기 때문입니다. "우리가 아직 죄인 되었을 때에 그리스도께서 우리를 위하여 죽으심으로 하나님께서 우리에 대한 자기의 사랑을 확증하셨느니라"(롬 5:8).

그러나 이보다 더 중요한 이유가 있습니다. 그것은 예수께서 십자가에 못 박혀 죽는 것이 하나님의 뜻임을 아셨기 때문입니다. 예수께서는 십자가가 가장 악랄하고 고통스러운 형벌임을 아셨기에 그 고통을 피하시려고 십자가를 지시기 전 날 밤, 제자들과 함께 겟세마네 동산에 올라가셔서 밤새도록 기도하셨습니다.

"내 아버지여 만일 내가 마시지 않고는 이 잔이 내게서 지나갈 수 없거든 아버지의 원대로 되기를 원하나이다"(마 26:42).

그러나 기도를 통하여 십자가에 못 박혀 죽는 것이 하나님의 뜻임을 아시고 기꺼이 대속의 제물이 되신 것입니다. 즉 예수께서 십자가에 못 박혀 돌아가신 것은 자기 생명의 주인이 하나님이심을 고백하신 것입니다. 즉 십자가로 자신의 삶이 하나님의 주재권을 인정하는 삶이었음을 종국적으로 보여주셨던 것입니다.

02 우리도 그리스도의 주재권을 인정해야 합니다

기독교에서는 흔히 사람을 '육에 속한 사람', '육신에 속한 사람', '영에 속한 사람'으로 구분합니다. 따라서 세 종류 중 어느 하나에 속하지 않는 사람은 없습니다. 그런데 세 종류 중 '육에 속한 사람'은 그리스도와 무관한 사람이기 때문에 그리스도인은 '육신에 속한 사람' 또는 '영에 속한 사람' 둘 중의 하나에 속합니다. 세 종류의 사람은 각각 나름대로 특성을 갖고 있습니다.

세 종류 사람의 특성

첫째는, '육에 속한 사람'입니다. 일명 '자연인' 또는 '비 그리스도인'이라고 하는데 자신이 인생의 핸들을 잡고 그리스도와 무관하게 사는 사람입니다. 바울은 이런 사람에 대하여 다음과 같이 소개하고 있습니다.

"육에 속한 사람은 하나님의 성령의 일들을 받지 아니하나니 이는 그것들이 그에게는 어리석게 보임이요, 또 그는 그것들을 알 수도 없나니 그러한 일은 영적으로 분별되기 때문이라"(고전 2:14).

'육에 속한 사람'은 모든 가치를 육체적, 물질적 기준에서 평가하기 때문에 영적인 일에 무관심할 뿐 아니라, 인생의 핸들을 자신이 잡고 있으므로 모든 일을 자기 마음대로 처리합니다. 성경은 '육에 속한 사람'을 허물과 죄로 이미 죽은 자이며 진노의 자녀라고 말씀하고 있습니다(엡 2:1-3).

둘째는, '육신에 속한' 그리스도인입니다. 일명 '약한 그리스도인'이라고 합니다. 그리스도를 마음에 모셨지만 인생의 핸들을 자신이 잡고 있기 때문에, 그리스도의 주재권을 인정하지 않고 자기 중심적인 삶을 사는 자입니다. 바울은 이런 사람을 다음과 같이 소개하고 있습니다.

"너희는 아직도 육신에 속한 자로다 너희 가운데 시기와 분쟁이 있으니 어찌 육신에 속하여 사람을 따라 행함이 아니리요"(고전 3:3).

'육신에 속한 자'는 단단한 음식을 먹지 못하여 말씀을 깊이 깨닫지 못할 뿐 아니라, 오직 세상적인 복을 받기 위해서만 예수님을 믿기 때문에 하나님의 뜻에 순종하는 것에는 전혀 관심이 없습니다. 또한 영적으로 어린아이에 불과하여 시기와 질투와 분쟁을 일삼기 때문에 겉으로는 그리스도인인지 아닌지 구별할 수 없습니다.

셋째는, '영에 속한' 그리스도인입니다. 일명 '장성한 자' 또는 '성숙한 그리스도인'이라고 합니다. 인생의 핸들을 그리스도께 드리고, 자신은 옆이나 뒷좌석에 앉아 있는 사람입니다. 즉 삶 속에서 그리스도의 주재권을 인정하고 그분의 뜻대로 순종하는 삶을 살아가는 자입니다. '영에 속한 그리스도인'은 성령의 인도를 따라 살며 하나님의 말씀이 이해되지 않아도 무조건 순종하고 죄와 피 흘리기까지 싸워 승리하는 삶을 삽니다. 하나님께서는 모든 그리스도인이 '영에 속한' 그리스도인, 즉 그리스도의 주재권을 인정하며 하나님의 뜻대로 사는 단계에 이르기까지 성장하기를 원하십니다. 당신은 '육신에 속한' 그리스도인입니까? '영에 속한' 그리스도인입니까?

구세주는 Yes, 주님은 No

우리 성경에 '주'(主)라고 번역된 것은 원어적으로 두 가지 의미를 가지고 있습니다. 하나는 '구세주'라는 뜻이고, 다른 하나는 '주인'이라는 뜻입니다. 그런데 구세주(Saviour)의 뜻을 가진 것은 10% 정도에 불과하고, 나머지는 '주인'이란 의미로 사용되었습니다. 이것은 신앙생활에서 구원받는 것도 중요하지만 그보다 더 중요한 것은 삶 속에서 예수님을 주인으로 모시고 그분의 뜻에 순종하는 삶을 살아야 한다는 것을 의미합니다.

그런데 대부분의 그리스도인들이 어떻게 살아가고 있습니까? 10%짜리 신앙생활을 하고 있습니다. 예수님을 구세주로만 믿고 주인으로 섬기는 삶은 살고 있지 않습니다. 그렇기 때문에 교회 안팎의 삶이 전혀 다른 이중적인 삶을 살아가고 있습니다. 매주일 예배에 참석하여 자신을 죄와 사망의 법에서 구원해주신 주님께 감사를 고백하지만, 예배당을 떠나는 순간 예수님의 주인 되심을 까맣게 잊어버리고 온갖 세상의 죄악 가운데 살아가고 있습니다. 한국교회가 일천이백만 명을 자랑하고 있지만 세상 사람들의 지탄의 대상이 되어 버린 것은 이처럼 예수님을 구세주로만 믿고 삶 속에서는 주인으로 섬기고 있지 않기 때문입니다.

신앙의 패러다임을 전환해야

이제 '구세주 Yes, 주님 No'의 신앙생활 패러다임을 바꾸어야 합니다. 이미 구원받은 그리스도인은 '구원자'보다 '주님'을 앞세워야 합니다. 즉 구원받은 것으로 만족하지 말고 적극적으로 예수께서 주인이 되시는 삶을 살아가야 합니다. 베드로가 이스라엘백성들에게 설교할 때 예수께서 그들의 '그리스도와 주'가 되신다고 하지 않고, '주와 그리스도'가 되신다고 하여 '주'를 '그리스도'보다 앞세웠던 것은 바로 이런 이유 때문입니다.

"그런즉 이스라엘 온 집은 확실히 알지니 너희가 십자가에 못 박은 이 예수를 하나님이 주와 그리스도가 되게 하셨느니라 하니라"(행 2:36).

그리스도인은 단지 구원을 받아 이 세상에서 하나님의 자녀로 살다가 죽은 후 천국에 들어가는 것으로 끝이 아닙니다. 예수 그리스도를 자신의 주인으로 모시고 주님을 온전히 닮아가는 '영에 속한 그리스도인'의 단계까지 성장해야 합니다. 삶 속에서 그리스도의 주재권을 인정하지 않는 사람은 '육신에 속한' 그리스도인으로서 불순종의 삶을 살아가고 있는 것입니다.

지금까지 구원받은 것만 감사하고 삶 속에서는 예수님을 주인으로 인정하지 않고 자기 마음대로 살아온 것을 회개해야 합니다. 또한 하나님의 뜻대로 사는 것보다는 이 세상에서 성공하는 것에 더 우선적인 관심을 가졌던 것을 회개해야 합니다. 예수님을 삶의 주인으로 섬길 것을 각오하고 그분께 우리의 운전대를 내어드려야 합니다. 예수께서 자신의 진짜 주인이심을 믿고 삶 속에서 그분의 주재권을 인정하며 그분의 뜻에 순종할 것을 결단해야 합니다.

03 예수님처럼 사는 것은 어명입니다

어명(御名)은 임금의 명령을 일컫는 말입니다. 예수께서 만왕의 왕이시기에 그분의 명령은 어명 중의 어명입니다. 과거에는 왕의 명령을 거역하면 대역 죄인으로 몰려서 몸만 죽임을 당했지만, 만왕의 왕이신 하나님의 명령을 어기면 몸뿐 아니라 영혼까지 죽임을 당하게 됩니다(마 10:28). 따라서 우리는 두렵고 떨리는 마음으로 하나님의 명령에 순종해야 합니다.

어명 중의 어명은?

어명이라고 모두 다 같은 것이 아닙니다. 보다 더 중요한 어명이 있는가 하면, 그렇지 않은 어명이 있습니다. 어명 가운데 가장 중요한 것은 '하나님의 뜻대로 살라'는 명령입니다. 왜냐하면 아무리 대단한 일을 해도 주님의 뜻과 상관없이 하는 것은 하나님께 불순종하는 것이기 때문입니다. 사랑, 전도, 기도, 봉사, 구제가 아무리 중요한 신앙적 행위일지라도 하나님의 뜻 가운데서 하지 않으면 의미가 없습니다. 그래서 사무엘 선지자는 "순종이 제사보다 낫다"라 (삼상 15:22)고 한 것입니다. 그리고 믿음의 인물들은 무엇을 하든지 먼저 하나님의 뜻을 물었던 것입니다(삼하 2:1; 대상 14:10).

우리는 주님의 뜻대로 사는 것이 가장 중요한 어명임을 알고 무엇을 하든지 우선적으로 주님의 뜻대로 하고 있는지를 확인해야 합니다. 사도 바울도 세계 복음화의 꿈을 안고 열정적으로 복음을 전했지만 하나님의 뜻보다는 앞서지 않았습니다. 그는 아시아로 가서 복음을 전하려고 했지만 '마케도냐 환상'을 통하여 하나님께서 자신을 유럽으로 부르셨다는 사실을 깨닫고는 즉시 방향을 돌려 유럽으로 향하였습니다. 그리스도인에게 하나님의 뜻대로 사는 것보다 더 시급하고 중요한 명령은 없습니다. 당신은 지금 '하나님의 뜻대로 살라'는 어명 앞에 어떻게 살아가고 있습니까?

예수님처럼 살고 싶습니까?

우리의 삶의 모델은 오직 예수 그리스도이십니다. 예수님은 신앙의 대상일 뿐만 아니라 삶의 본이시기 때문에 우리는 예수님처럼 살아가야 합니다. 예수님처럼 산다는 것은 청지기로 삶 속에서 하나님의 주재권을 인정하고 날마다 십자가에 죽음으로 자신의 뜻을 좇지 않고 하나님의 뜻을 좇는 것입니다.

어떻게 하면 우리가 그렇게 살 수 있을까요? 여러 가지 방법들이 있겠지만 가장 우선적인 것은 예수님처럼 범사에 하나님께 묻는 습관을 가지는 것입니다. 예수께서는 하루 일과를 시작하시기 전 먼저 하나님께 나아가 기도하셨습니다. "새벽 아직도 밝기 전에 예수께서 일어나 나가 한적한 곳으로 가서 거기서 기도하시더니"(막 1:35). 하나님과의 대화를 통하여 주님의 뜻을 알고 그분의 뜻에 온전히 순종하셨습니다. 다윗도 무엇을 하든지 하나님의 뜻을 알기 위해 먼저 하나님께 물었습니다(삼하 2:1).

그러나 기도만 하면 자동적으로 하나님의 주재권을 인정하고 그분의 뜻대로 살게 되는 것은 아닙니다. 기도하되 주님의 뜻을 알기 위해 기도할 뿐만 아니라, 주님의 뜻대로 살 수 있게 해 달라고 기도해야 합니다. 사람들이 기도를 많이 하지만 하나님의 뜻대로 살지 않고 삶의 변화가 없는 것은 세상적인 복을 받기 위해서만 기도하고, 주님의 뜻을 알고 그 뜻대로 순종하기 위해서는 기도하지 않기 때문입니다.

> "들으라 너희 중에 말하기를 오늘이나 내일이나 우리가 아무 도시에 가서 거기서 일 년을 유하며 장사하여 이를 보리라 하는 자들아 내일 일을 너희가 알지 못하는도다 너희 생명이 무엇이뇨 너희는 잠깐 보이다가 없어지는 안개니라 너희가 도리어 말하기를 주의 뜻이면 우리가 살기도 하고 이것저것을 하리라 할 것이어늘 이제 너희가 허탄한 자랑을 자랑하니 이러한 자랑은 다 악한 것이라"(약 4:13-16).

야고보는 돈을 많이 벌 것인가에 대하여는 계획하고 자랑을 하지만 하나님의 뜻대로 살기 위해서는 아무런 계획이 없는 것을 악한 것이라고 경고하고 있습니다. 하나님의 뜻을 구하지 않으면서 세상적인 복만 받고자 하는 것은 기복신앙의 부산물로써 하나님을 기쁘시게 할 수 없습니다. 우리는 그리스도의 주재권을 인정할 뿐 아니라, 범사에 주님의 뜻을 알기 위해 기도하고 주님의 뜻대로 순종해야 합니다(잠 3:6).

당신은 지금 무엇을 계획하고 있습니까? 어떻게 하면 하나님의 뜻대로 살 것인가를 계획하고 있습니까? 아니면 어떻게 하든지 조금이라도 더 많이 돈을 벌려고 계획하고 있습니까?

불순종이냐 순종이냐

예수님은 왕 중의 왕이시기 때문에 절대로 예수님의 어명을 어겨서는 안 됩니다. 더군다나 예수께서 친히 본을 보여주시고 그대로 하라고 명령하셨기 때문에 피할 길이 없습니다. 세상의 왕은 명령만 하지 모범을 보여주지 않습니다. 그러나 왕이신 예수님은 자신이 먼저 본을 보여주시면서 그대로 실천하라고 명령하셨습니다(요 13:14-15). 따라서 왕명을 거역하면 엄청난 대가를 지불해야 한다는 것을 알아야 합니다.

우리는 마태복음 5-7장의 예수님의 설교를 산상수훈이라고 하는데 이는 그리스도인이 어떻게 살아가야 하는지를 알려주는 인생의 네비게이션입니다. 그런데 예수께서 산상수훈의 결론 부분에서 뭐라고 말씀하셨습니까?

> "거짓 선지자들을 삼가라 양의 옷을 입고 너희에게 나아오나 속에는 노략질하는 이리라 그들의 열매로 그들을 알지니 가시나무에서 포도를, 또는 엉겅퀴에서 무화과를 따겠느냐 이와 같이 좋은 나무마다 아름다운 열매를 맺고 못된 나무가 나쁜 열매를 맺나니 좋은 나무가 나쁜 열매를 맺을 수 없고 못된 나무가 아름다운 열매를 맺을 수 없느니라 아름다운 열매를 맺지 아니하는 나무마다 찍혀 불에 던져지느니라 이러므로 그들의 열매로 그들을 알리라"(마 7:15-20).

예수께서 '나무'에 대한 이야기를 하신 것이 아닙니다. 우리가 하나님의 자녀라고 말은 하면서 실제로 삶 속에서 하나님의 뜻대로 살지 않으면, 언젠가는 찍혀 불에 던져지는 무가치한 존재가 된다는 것을 나무에 빗대어 말씀하신 것입니다. 그렇습니다. 우리가 입으로만 주를 부르고 삶 속에서는 하나님의 주재권을 인정하지 않고 자기 마음대로 살면 하나님의 심판을 받아 비참한 최후를 맞이할 수밖에 없습니다.

그러나 예수님의 명령에 순종하면 상급이 준비되어 있음을 알아야 합니다. 예수께서 산상수훈을 말씀하신 후 결론부분에서 이렇게 말씀하셨습니다.

> "그러므로 누구든지 나의 이 말을 듣고 행하는 자는 그 집을 반석 위에 지은 지혜로운 사람 같으리니 비가 내리고 창수가 나고 바람이 불어 그 집에 부딪치되 무너지지 아니하나니 이는 주초를 반석 위에 놓은 까닭이요"(마 7:24-25, 참조 마 13:43).

무슨 의미입니까? 말씀대로 순종하는 자에게는 어떤 일이 닥쳐도 무너지지 않는 인생을 살게 된다는 것입니다. 즉 금생과 내생에 영원한 복을 받는다는 뜻입니다. 그렇습니다. 왕의 명령을 어기면 심판을 받지만, 어명을 지키면 이 세상뿐 아니라 내세에서도 상을 받습니다.

이 세상에서 얼마나 열심히 했느냐, 얼마나 성공했느냐는 것은 그리스도인에게 그리 중요한 것이 못됩니다. 얼마나 하나님의 주재권을 인정하고 하나님의 뜻대로 살았느냐가 중요한 것입니다. 그리스도인에게는 성공은 없고, 순종만 있을 뿐입니다. 이제 우리의 선택이 남아 있을 뿐입니다. 어명을 피하여 준엄한 심판을 받든지, 아니면 어명을 지킴으로 상을 받든지….

Yes!

제 2 부

예수님의 청지기 삶

을 본받아야 합니다

예수께서는 공생애 동안 시간과 물질과 몸과 은사와 재능의 청지기로 사셨습니다. 예수께서 이와 같이 청지기로 사신 것은 자신이 시간과 물질과 몸과 은사와 재능의 청지기 주인이 아니라, 하나님께서 주인이심을 아셨기 때문입니다. 그렇습니다. 예수께서 삶의 모든 영역에서 청지기로 살아가실 수 있었던 것은 하나님의 주인 되심, 즉 주재권을 인정하셨기 때문입니다.

우리도 예수님을 영접하여 구원을 얻는 순간, 예수께서 구원자와 주인이 되시기 때문에 예수님처럼 삶 속에서 하나님의 청지기로 살아가야 합니다. 예수님을 믿는다고 하지만 삶속에서 시간과 물질과 몸과 은사와 재능의 청지기를 자기 마음대로 사용하는 것은 예수님을 삶의 주인으로 인정하지 않는다는 것입니다.

그리스도인에게 있어서 하나님의 주재권을 인정하고 그분의 뜻대로 살아가는 것보다 더 우선적이고 중요한 것은 없습니다. 우리는 삶의 모든 영역에서 하나님의 청지기임을 알고 그리스도의 주재권을 인정하고 그분의 뜻대로 살아가야 합니다.

1장

시간의 청지기로 살아가야 합니다

01 시간을 이해하라

"시간은 곧 인생이다"라는 말이 있듯이 사람은 누구나 시간에 갇혀 살아가고 있습니다. 누구에게나 주어진 하루 24시간을 어떻게 사용하느냐에 따라 인생의 성공과 실패가 판가름 납니다. 그런데 시간을 효과적으로 사용하기 위해서는 먼저 시간의 주인이 누구인지를 알아야 합니다. 그리고 주인의 뜻에 따라 시간을 사용해야 합니다.

크로노스(Chronos)와 카이로스(Kairos)

시간(時間)이란 문자 그대로 '때'와 '때' 사이의 간격이라는 뜻입니다. 그런데 시간은 그리스어로 두 가지 의미, 즉 '크로노스(Chronos)'와 '카이로스(Kairos)'로 사용되고 있습니다.

'크로노스'는 가만히 있어도 흘러가는 자연적인 시간으로 직선개념의 시간입니다. 즉 달력의 시간으로 2009년 12월 31일 다음에 2010년 1월 1일이 자연스럽게 연결되어 오는 시간을 말합니다. 이는 해가 뜨고 지면서 결정되는 시간이며, 지구의 자전과 공전으로 만들어지는 시간입니다. 또한 날마다 어김없이 낮과 밤을 만들어내는 시간이고, 매년마다 계절의 변화를 가져오는 시간입니다. 모든 인간은 '크로노스' 속에 살아가고 있습니다. 어느 누구도 '크로노스'를 바꿀 수 없습니다. '크로노스'에 갇혀서 생노병사의 삶을 살아가고 있는 것이 바로 인생입니다.

반면에 '카이로스'는 특정한 시간 또는 정한 시간을 말합니다. 즉 시간은 흘러가는 것이지만, 시간에 특별한 의미가 있을 때에 이 의미 있는 특정한 시간, 즉 사건 중심의 시간 개념을 '카이로스'라고 부릅니다. 예를 들면, 자신이 이 세상에 탄생한 날이라든가 아니면 교통사고로 죽을 위기에서 다시 살아난 시간 등을 '카이로스'라고 하는 것입니다.

성경에서는 이 두 가지의 시간 개념을 모두 가르치고 있습니다. 하나님께서 정해놓으신 일정한 인생을 살아가고 있는데 이는 자연적인 삶으로 '크로노스'의 삶을 의미합니다. 동시에 성경은 우리에게 "세월을 아끼라"라고 말씀하고 있는데(엡 5:16), 이는 '기회를 포착하라' 또는 '시간을 구속하라'는 뜻으로 '카이로스'의 삶을 살라는 것입니다.

마지막 날 하나님 앞에 계산되는 시간은 크로노스가 아니라 카이로스입니다. 즉 몇 년 살았는가? 몇 해나 학교에 다녔는가? 몇 살이나 먹었는가가 중요한 것이 아니라 어떻게 살았느냐? 무엇을 이루었느냐가 중요한 것입니다. 즉 단순 시간의 측정이 중요한 것이 아니라 삶의 질이 중요한 것입니다. 우리가 '크로노스'의 시간은 조절할 수 없지만 '카이로스'의 시간은 마음먹기에 따라서 얼마든지 늘일 수도 줄일 수도 있음을 알아야 합니다.

하나님의 시간과 인간의 시간

'시간'이라는 단어는 같지만 '하나님 시간'과 '인간의 시간'은 전혀 다릅니다. 우리는 창세기 1장 1절의 태초(베레쉬트)와 요한복음 1장 1절의 태초(아르케)를 통하여 하나님의 시간과 인간의 시간이 어떻게 다른지를 알 수 있습니다. 전자는 인간의 시간으로 창조의 사역이 시작된 순간부터 출발하고, 후자는 하나님의 시간으로 영원부터 출발합니다. 즉 인간의 시간은 사라지고 바뀌지만 하나님의 시간은 영원합니다. 그래서 시편 기자는 "천지는 없어지려니와 주는 영존하시겠고 그것들은 다 옷같이 낡으리니 의복같이 바꾸시면 바뀌려니와 주는 한결 같으시고 주의 연대는 무궁하리이다(시 102:26-27)"라고 고백한 것입니다.

하나님의 시간과 인간의 시간이 얼마나 다른지를 보여주는 유머가 있습니다. 이 세상에서 가장 사기를 잘 치는 사기꾼이 하나님과 대화를 나누게 되었습니다.

"하나님!, 인간에게 백만 년이 하나님께는 1초밖에는 안 된다면서요?"

"물론이지."

"하나님!, 그러면 인간의 백만 불은 하나님께는 1달러밖에는 안 되겠네요?"

"당연하지."

"하나님!, 그러면 하나님께는 1달러가 아무것도 아니니까 저에게 1달러만 적선(積善)해 주실래요?"

"오냐, 알았다. 1초만 기다려라."

그렇습니다. 하나님의 시간과 인간의 시간은 서로 다릅니다. 베드로는 시편 90편 4절에 있는 말씀을 그대로 인용하여, 하나님의 시간과 인간의 시간은 질적으로 다르다는 사실을 교훈하고 있습니다.

"사랑하는 자들아 주께는 하루가 천 년 같고 천 년이 하루 같다는 이 한 가지를 잊지 말라"(벧후 3:8).

하나님의 시간이 인간의 시간과 다르게 영원하다는 것은 하나님은 처음도 되고 끝도 되시기 때문에 과거, 현재, 미래에 얽매이지 않으신다는 뜻입니다(계 1:8). 그래서 사람은 시간의 순서를 따르지만 하나님은 그 순서에 상관없이 그분이 원하시는 시점으로 모든 시간을 다루실 수 있습니다. 따라서 2천 년 전 예수님께서 우리의 죄를 위하여 십자가에 못 박혀 돌아가신 사건이 현재 우리의 죄를 위하여 십자가에 못 박혀 돌아가신 것이 될 수 있는 것입니다. 만일 하나님께서 인간과 같은 시간의 순서를 따른다면 십자가와 예수님은 과거 사건일 뿐 그 시점을 떠난 사람에게는 아무런 영향도 미치지 못할 것입니다.

하나님의 시간과 인간의 시간이 이와 같이 다르다는 것을 인식할 때에 인간의 이성과 생각으로 이해되지 않는 의문점들이 풀리게 될 뿐만 아니라, 끝까지 하나님의 주재권을 인정하고 주님의 뜻을 구하는 삶을 살게 되는 것입니다.

인간의 시간과 하나님의 섭리

하나님께서 시간의 주인이시라는 말은 우리가 행하는 모든 일에 하나님께서 친히 간섭하시고 섭리하신다는 뜻입니다. 그런데 하나님께서 우리의 아버지가 되시기 때문에 우리의 인생에 간섭하셔서 화를 복으로 바꾸어 주십니다. "여호와의 말씀이니라 너희를 향한 나의 생각을 내가 아나니 평안이요 재앙이 아니라 너희에게 미래와 희망을 주는 것이니라"(렘 29:11).

우리는 래리 밀러(Larry Miller)의 일을 통하여 이것이 사실임을 재차 확인할 수 있습니다. 평범하고 행복한 한 가정의 가장이요 전직 교도관이었던 래리 밀러(Larry Miller)는 어느 날 갑자기 살인 혐의의 누명을 뒤집어쓰고 32년의 형을 선고받고 수감이 되었습니다. 그가 이렇게 된 연유는 다음과 같습니다.

1981년 여름, 그가 커넷티컷 주 댄버리에서 15세 된 한 소녀가 심한 구타를 당하여 죽었다는 신문기사를 그저 남의 일로 여기며 읽고 있었는데, 얼마 후 갑자기 자신이 그 사건의 용의자로 체포되어 재판을 받게 되었습니다. 가족들의 알리바이의 증언에도 불구하고, 엉뚱한 한 여인이 나타나 "내가 현장에서 저 남자를 분명히 보았다"는 증언으로 래리는 살인자가 된 것입니다.

래리는 12년의 감옥생활로 50세가 되었습니다. 그간에 몇 번이나 청원을 했지만 아무 소용이 없었습니다. 이제는 더 이상 호소할 곳도 없고 희망도 멀리 사라져버렸습니다. 그러나 유일하게 그에게 위로와 힘을 준 사람이 있었습니다. 그는 베로니카 수녀원의 랭만이라는 수녀였습니다.

"사랑하는 래리! 하느님의 시간과 계획은 우리의 인간의 것과는 전혀 달라요. 결코 낙심하지 말아요."

래리는 하나님의 시간 속에서 살기로 작정하고 교도소 안에서 실시하는 성경공부에 열심히 참석했습니다. 얼마 후 그는 성경반의 리더가 되었고, 고교졸업 검정고시를 준비하는 죄수들을 가르치는 사역도 했습니다. 그는 신앙생활을 통해서 삶의 보람을 찾기 시작했습니다. 그러다가 지난 95년도에 진범이 체포되어 자백하는 바람에 래리는 살인범의 누명을 벗고 가족의 품으로 돌아오게 되었습니다. 그런데 그가 감옥에서 나와서 처음으로 고백한 말이 무엇인지 아십니까?

"나의 감옥 생활은 결코 헛되지 않았습니다. 오히려 나는 감옥생활 속에서 인생의 많은 것을 배우게 되었습니다."

인간은 하나님의 섭리를 쉽게 이해할 수 없습니다. 그러나 분명한 것은 하나님께서 우리의 아버지가 되시기 때문에 그의 자녀들에게 더 좋은 것을 주신다는 것입니다. 그래서 사도 바울은 "우리가 알거니와 하나님을 사랑하는 자 곧 그 뜻대로 부르심을 입은 자들에게는 모든 것이 합력하여 선을 이루느니라"(롬 8:28)라고 말한 것입니다. 우리가 하나님의 시간을 이해할 수 없지만 하나님께서 인간의 시간을 간섭하시고 섭리하신다는 사실을 확신할 때에 범사에 하나님의 뜻을 좇아 살아갈 수 있는 것입니다.

02 예수님은 시간의 청지기로 사셨습니다

예수님은 시간 관리의 모델이십니다. 예수님은 3년간의 공생애 동안 매우 분주하셨지만 허둥지둥하지 않으시고 모든 일을 가장 정확한 시간에 해내셨습니다. 시간에 쫓겨 서두르시거나 적당한 시기를 놓쳐 급하게 일을 처리하신 경우를 한 번도 찾아볼 수 없습니다. 바쁘신 가운데서도 개인적으로는 기도와 묵상하는 일을 빠뜨리지 않으셨을 뿐만 아니라, 제자들을 훈련하시는 일에 상당한 시간을 할애하셨습니다. 예수께서 그렇게 하실 수 있었던 이유는 무엇일까요?

자신의 사명이 무엇인지를 알고 계셨기 때문입니다

예수께서는 자신이 이 세상에 오신 목적을 분명히 알고 계셨습니다. "인자가 온 것은 잃어버린 자를 찾아 구원하려 함이니라"(눅 19:10). 일반적으로 사람들은 자신의 사명이 무엇인지를 몰라 인생을 허비합니다. 그러나 예수님은 자신의 사명이 정확히 무엇인지를 알고 계셨기 때문에 자신의 사명을 찾기 위해 시간을 낭비하실 필요가 없으셨습니다.

즉 예수께서는 자신의 사명이 구속사역을 이루는 일임을 아시고 그 일에만 집중을 하셨고 그 사명을 이루기 위해 계획한 시간표에 따라 진행을 하셨기에 가장 시간을 효율적으로 사용하실 수 있었던 것입니다. 예수께서 바쁘신 가운데서도 제자들을 훈련하시는데 가장 많은 시간을 쏟으셨던 것도 제자훈련이 자신의 사명인 구속사역을 가장 효과적으로 전파하는 방법이라는 것을 잘 알고 계셨기 때문입니다.

시간의 주인이 하나님이심을 알고 계셨기 때문입니다

예수께서는 시간의 주인이 하나님이심을 알고 계셨기에 자기 마음대로 행동하시지 않았습니다. 항상 '하나님의 때'를 의식하시고 행동하셨습니다. 예수께서는 시간의 주인이신 하나님의 인도를 받으셨기 때문에 때에 이르거나 늦게 행동을 하시지 않고, 때에 맞게 행동을 하셨습니다.

예수께서 우리의 죄를 대속하시기 위해 십자가에 못 박혀 돌아가신 것도 겉으로는 이스라엘 백성들의 간청으로 빌라도 총독이 판결을 내리고 로마 군병들이 십자가에 못 박은 것 같지만 예수께서 친히 하나님께서 정하신 시간에 자신의 목숨을 내어주신 것입니다.

항상 죽음을 준비하며 사셨기 때문입니다

성경에는 예수께서 '때'에 대해 언급하신 구절들이 곳곳에 등장하고 있습니다.

"예수께서 이르시되 여자여 나와 무슨 상관이 있나이까 내 때가 아직 이르지 아니하였나이다"(요 2:4).

"너희는 명절에 올라가라 내 때가 아직 차지 못하였으니 나는 이 명절에 아직 올라가지 아니하노라"(요 7:8).

"예수께서 대답하여 이르시되 인자가 영광을 얻을 때가 왔도다"(요 12:23).

"보라 너희가 다 각각 제 곳으로 흩어지고 나를 혼자 둘 때가 오나니 벌써 왔도다 그러나 내가 혼자 있는 것이 아니라 아버지께서 나와 함께 계시느니라"(요 16:32).

"예수께서 이 말씀을 하시고 눈을 들어 하늘을 우러러 이르시되 아버지여 때가 이르렀사오니 아들을 영화롭게 하사 아들로 아버지를 영화롭게 하게 하옵소서"(요 17:1).

"이에 제자들에게 오사 이르시되 이제는 자고 쉬라 보라 때가 가까이 왔으니 인자가 죄인의 손에 팔리느니라"(마 26:45, 참조 막 14:41).

위와 같이 예수께서 항상 '때'를 의식하며 행동을 하셨는데, 여기서 '때'란 예수께서 인류의 죄를 감당하시기 위하여 대신 십자가에 못 박혀 돌아가실 시간을 가리킵니다. 즉 예수께서는 오늘이 마지막인 것처럼 종말적인 사고로 늘 죽음을 준비하고 사셨기에 시간을 낭비하시지 않았습니다.

늘 기도의 삶을 사셨기 때문입니다

　예수께서는 날마다 새벽 미명에 기도하셨습니다. 특별히 12제자를 선택하시는 일이나, 십자가를 지시는 일과 같은 중대한 일을 하시기 전에는 밤새도록 기도하셨습니다. 이와 같이 예수께서는 항상 기도하심으로 하나님의 뜻을 좇아 일을 처리했기 때문에 시간을 낭비하시지 않았습니다. 얼핏 보면 바쁜 상황에 기도하는 것은 시간을 낭비하는 것처럼 보입니다. 그러나 하나님의 뜻을 알기 위해 기도하는 것은 시간을 낭비하는 것이 아니라 오히려 절약하는 것입니다. 왜냐하면 하나님의 뜻대로 살지 않는 것은 헛된 인생을 사는 것이기 때문입니다. 기도하는 것을 시간의 낭비로 생각하는 것은 아직 시간의 진짜 주인이 누구인지를 모르고 있기 때문입니다.

03 우리는 어떻게 시간을 사용해야 하나요?

벤자민 프랭클린이 "당신은 인생을 사랑하십니까? 그렇다면 시간을 낭비하지 마십시오. 인생이라는 것은 바로 시간으로 이루어져 있습니다"라고 말했듯이, 인생의 성패는 시간을 어떻게 관리하느냐에 달려 있습니다. 그렇습니다. 시간관리는 곧 인생관리이기 때문에 시간을 잘 관리하는 자만이 성공적인 인생을 살 수 있습니다. 특별히 그리스도인은 이 세상의 삶으로 끝이 아니라, 영생을 살아가는 자들이기 때문에 시간관리를 잘 해야 합니다. 그러면 어떻게 시간관리를 해야 할까요?

먼저 자신이 시간의 청지기임을 알아야 합니다

시간은 우리가 이 세상에 나오면서부터 시작된 것이 아니라 이미 존재하고 있었기 때문에 우리는 시간의 주인이 아닙니다. 단지 시간의 주인인 하나님께로부터 시간을 사용하도록 위임받은 청지기에 불과할 뿐입니다.

하나님께서 모든 사람에게 공평하게 시간을 주신 것은 하나님의 뜻을 이루도록 하시기 위해서 입니다. 따라서 우리는 하나님께서 맡겨주신 시간을 하나님의 뜻을 이루는데 사용해야 합니다. 하나님께서 맡겨주신 시간을 우리가 어떻게 관리하느냐에 따라 마지막 날에 상을 받기도 하고 심판을 받기도 할 것입니다. 자신이 시간의 청지기임을 알고 자기 마음대로 시간을 사용하지 않는 사람은 상을 받을 것이고 자신이 시간의 주인인 것처럼 자기 마음대로 사용하면 심판을 피할 수 없습니다.

삶의 목표를 분명히 정해야 합니다

삶의 목표를 분명히 할 때에 시간을 효율적으로 사용할 수 있습니다. 고든 맥도널드는 '내면세계의 질서와 영적성장'에서 "목적이 없는 사람은 항상 시간에 쫓기게 되어 있다"라고 했습니다. 왜 그럴까요? 먼저 무엇을 할지 몰라서 눈에 보이는 하찮은 일에 시간과 정력을 소비하게 되기 때문입니다. 그렇습니다. 목표가 없는 인생은 마치 정처 없이 떠도는 여행과도 같기에 길거리에서 시간을 낭비할 수밖에 없습니다.

목표 설정은 불필요한 낭비를 제거하고 목표를 향해 매진하여 큰일을 이루는 데 필수적이고 기본적인 일입니다. 목표를 설정하고 그에 합당한 실천사항을 세워서 행할 때 사소한 일들에 매이지 않게 될 뿐만 아니라, 시간의 낭비를 줄임으로 품은 뜻을 이루게 되는 것입니다. 사도 바울도 자신이 전 세계를 복음화 할 수 있었던 것은 그가 푯대를 향하여 달려갔기 때문이라고 고백하고 있습니다.

> "형제들아 나는 아직 내가 잡은 줄로 여기지 아니하고 오직 한 일 즉 뒤에 있는 것은 잊어버리고 앞에 있는 것을 잡으려고 푯대를 향하여 그리스도 예수 안에서 하나님이 위에서 부르신 부름의 상을 위하여 달려가노라"(빌 3:13-14).

자기계발 분야의 세계적인 권위자인 브라이언 트레이시(Brian Tracy)는 '잠들어 있는 시간을 깨우라'(황금부엉이)에서 이렇게 충고하고 있습니다. "자신의 목표가 없다면 영원히 다른 사람을 위해 일하게 될 것이다." 당신은 어떻게 하시렵니까? 자신의 목표 없이 영원히 다른 사람을 위해 일하시렵니까? 아니면, 자신의 목표를 가지고 자신의 꿈과 비전을 이루시렵니까?

그러나 삶의 목표만 정하면 안 됩니다. 목표를 기록해야 합니다. 목표를 기록하는 것과 그렇지 않고 사는 것과는 많은 차이를 가져옵니다. USA Today는 2002년 초에 사람들이 세우는 신년계획에 대해 인터뷰를 했다고 합니다. 당시 응답자는 자신의 계획을 적어두는 사람과 머릿속으로 생각만 하는 사람으로 분류했다고 합니다. 2003년 2월, 과거의 응답자를 인터뷰해보니 결심한 내용을 적어둔 사람의 46%는 계획했던 바를 달성했는데 반하여, 계획만 세우고 적어두지 않는 사람 가운데는 4%만 변화를 이루었다고 합니다.

우선순위를 믿음으로 결정해야 합니다

이 세상에는 해야 할 일이 너무 많습니다. 그러나 일 중에는 먼저 해야 할 일이 있고, 나중에 해야 할 것이 있습니다. 일은 크게 네 가지, 즉 긴급한 동시에 중요한 일, 중요하지만 긴급하지 않은 일, 긴급하지만 중요하지 않은 일, 중요하지도 않고 긴급하지도 않은 일로 구분할 수 있습니다. 그런데 같은 일을 해도 어느 것을 먼저 하느냐에 따라 다른 결과를 만들어낼 수 있습니다.

유명한 시간관리 전문가가 학생들에게 강의를 시작하면서 "제가 퀴즈를 하나 내 보겠습니다"라고 하더니 테이블 밑에서 커다란 항아리를 꺼내 올려놓았습니다. 그리고 나서 항아리 안에 '주먹만한 돌'을 하나씩 넣더니 마침내 항아리에 돌이 가득 차자 "이 항아리가 가득 찼습니까?"라고 물었습니다. 그러자 학생들은 일제히 "예"라고 대답했습니다.

그러자 강사는 "정말입니까?"라고 되묻고는 다시 테이블 밑에서 '조그만 자갈'을 한 움큼 꺼내어 항아리에 집어넣고 흔들었습니다. 그러자 자갈이 큰 돌멩이 사이에 난 틈을 비집고 들어갔습니다. 자갈이 가득 차자 강사는 다시 물었습니다. "이 항아리가 가득 찼습니까?" 이제 학생들은 확답을 할 수 없어서 고개만 갸웃거렸습니다.

그러자 강사는 다시 테이블 밑에서 모래를 한 움큼 집어 들더니 주먹만한 돌멩이와 자갈 사이의 빈틈으로 흘려 넣고는 또 물었습니다. "이제 항아리가 가득 찼습니까?" 그러자 이번에는 학생들이 자신 있게 외쳤습니다. "아닙니다!" 아니나 다를까 강사는 빙그레 웃으면서 물 주전자를 꺼내더니 '물'을 항아리에 부었습니다.

그리고 다음과 같이 물었습니다. "여러분은 이 실험의 의미가 무엇이라고 생각합니까?" 한 학생이 번쩍 손을 들더니 이렇게 대답했습니다. "아무리 바빠도 노력하면 사이사이 다른 일도 할 수 있다는 뜻입니다." 그러자 강사는 세차게 머리를 흔들며 이렇게 말했습니다. "아닙니다. 이 실험이 주는 가장 중요한 메시지는 차례에 관한 교훈입니다. 만약 맨 처음에 큰 돌을 넣지 않고 먼저 자갈이나 모래를 넣었다면 큰 돌은 영원히 넣지 못했을 것입니다. 마찬가지로 우리의 인생에서도 가장 중요한 것을 먼저 하지 않는다면 영원히 그것을 하지 못하게 되는 것입니다"라고 했습니다.

그렇습니다. 우리가 같은 일을 해도 어떤 것을 먼저 하느냐에 따라 다른 결과를 만들어낼 수 있습니다. 시간 사용을 가장 효과적으로 하려면 가장 시급하고 중요한 것을 먼저 해야 합니다.

그러면 그리스도인에게 있어서 '가장 시급하고 중요한 일'은 무엇일까요? 성경은 이렇게 말씀하고 있습니다.

> "그런즉 너희는 먼저 그의 나라와 그의 의를 구하라 그리하면 이 모든 것을 너희에게 더하시리라"(마 6:33).

그렇습니다. 그리스도인은 가장 먼저 '하나님의 나라'와 '하나님의 의'를 구하는 일에 시간을 사용해야 합니다. '하나님의 나라'를 구하라는 말은 하나님께서 자신을 통치하시도록 기도하라는 것이고, '하나님의 의'를 구하라는 것은 하나님과 바른 관계를 맺는 삶을 살도록 기도하라는 것입니다. 즉 인생의 주인이신 하나님과 바른 관계를 맺는 것이 가장 시급하고 중요합니다. 그래서 예수님께서도 그토록 피곤하셨지만 새벽 미명에 기도를 하셨고(막 1:35), 제자를 선택하시기 전 밤을 새우시며 기도하셨고(눅 6:12), 십자가에 못 박혀 돌아가시기 전 겟세마네 동산에서 밤새도록 기도하신 것입니다(마 26:36).

자투리 시간을 적극적으로 활용해야 합니다

모든 시간의 주인은 하나님이시기 때문에 자투리 시간도 소중히 여기는 마음을 가져야 합니다. 우리 속담에 "티끌 모아 태산"이라는 말이 있듯이, 자투리 시간도 모으면 큰일을 할 수 있습니다. 작은 것을 소중히 여기지 못하는 사람은 큰 것도 소중히 여길 수 없습니다. 그래서 성경은 작은 것을 소중히 여기라고 교훈하고 있습니다.

"작은 일의 날이라고 멸시하는 자가 누구냐 이 일곱은 온 세상에 두루 행하는 여호와의 눈이라 다림줄이 스룹바벨의 손에 있음을 보고 기뻐하리라"(슥 4:10).

"그 주인이 이르되 잘 하였도다 착하고 충성된 종아 내가 적은 일에 충성하였으매 내가 많은 것으로 네게 맡기리니 네 주인의 즐거움에 참여할지어다"(마 25:21).

우리가 생활을 하다보면 적게는 1분에서 많게는 수십 분씩 자투리 시간이 발생하는 경우가 있습니다. 예를 들어 교통편을 기다린다거나, 식당에서 음식을 기다린다거나, 물건을 사기 위해 줄을 서서 기다리는 등 일상생활에서 자투리 시간이 생기지 않는 날은 하루도 없습니다. 이런 상황에서 우리가 마음만 먹으면 기다리는 동안 다른 것을 할 수 있습니다. 간단히 스트레칭과 같은 운동을 하든지, 문고판 책을 읽든지, 성경을 암송하든지, 기도를 하든지, 얼마든지 자투리 시간을 활용할 수 있습니다. 자투리 시간은 언제나 발생하기 때문에 자투리 시간만 잘 활용해도 우리의 삶에 큰 변화를 가져올 수 있습니다.

자기계발 전문가들은 한결같이 매일 하루 5분만 투자하면 언어생활에 큰 발전을 가져온다고 주장하고 있습니다. 필자는 신학대학원을 다닐 때에 수업을 마치고 쉬는 시간이 되면 늘 성경을 암송했습니다. 그것이 습관이 되어 성경을 많이 암송하게 되었고 평생 신앙생활과 목회활동에 큰 도움을 얻고 있습니다.

평생을 최고의 시계를 만드는 데 헌신했던 사람이 있었습니다. 그는 아들의 성인식 날 손수 만든 시계를 선물하였습니다. 그 시계는 특이하게도 시침은 동(銅)으로, 분침은 은(銀)으로, 초침은 금(金)으로 되어 있었습니다. 아들은 시계를 받아들고 아버지에게 물었습니다.

"아버지, 시침이 가장 크니까 금으로 장식하고 가장 가는 초침을 동으로 만들어야 하지 않나요?"

"아니다. 초침이야말로 금으로 만들어져야 한단다. 초를 잃는 것이야말로 세상의 모든 시간을 잃는 것과 마찬가지야."

그는 아들의 손목에 시계를 채워주며 이렇게 말을 덧붙였습니다.

"초를 아끼지 않는 사람이 어떻게 시간과 분을 아낄 수 있겠니? 세상의 흐름은 초에 의해 결정되는 것을 명심하고 너도 성인이 되는 만큼 1초의 시간에도 책임질 수 있는 사람이 되도록 해라."

그렇습니다. 1초를 소홀히 하는 사람은 하루를 잃고, 일생을 잃게 됩니다. 인생의 승패는 순간순간에 달려 있음을 명심해야 합니다.

'크로노스'를 '카이로스'로 바꿔야 합니다

이미 살펴본 대로 '크로노스'가 그냥 흘러가는 양으로 규정되는 계량적 시간이라면, '카이로스'는 내용으로 규정되는 질적 시간입니다. 그런데 하나님과의 관계에서 크로노스의 시간은 중요하지 않습니다. 자신이 교회학교 교사를 20년간 근속했거나, 주일성수를 30년 했다거나, 교회의 중직을 맡은 지 10년이 되었다는 것은 아무런 의미가 없습니다. 그 기간에 하나님과 어떤 관계를 누리고 살았는지가 더 중요한 것입니다. 따라서 그리스도인은 크로노스의 시간을 카이로스의 시간으로 바꾸는 삶을 살아가야 합니다.

성경에서 가장 오랜 산 사람은 969세를 산 므두셀라입니다. 그는 969세를 살았지만 아무런 의미 없는 크로노스의 삶을 살았습니다. 그러나 예수님은 33년의 짧은 생애를 사셨지만 인류의 구원이라는 위대한 삶을 사셨기에 카이로스의 삶을 사신 것입니다.

크로노스의 시간은 끝이 없지만 카이로스의 시간에는 그 마지막이 있습니다. 그 때를 일컬어 '파루시아' 라고 합니다. '파루시아' 라는 단어는 헬라어 'para' 와 'ousia' 가 결합된 말로서, 'para' 는 'along side', 즉 '나란히' 라는 뜻이고, 'ousia' 는 'substance', 즉 '본질 혹은 실재' 란 뜻으로 '실재로서 오시는 예수의 재림' 을 의미합니다.

그리스도인은 누구나 파루시아의 도래 앞에 놓여있습니다. 아무도 그날의 심판을 피할 수 없습니다. 예수께서 때가 찼기 때문에 이 세상에 오셨고, 또 다시 이 세상에 재림하실 때가 올 것입니다. 초대교회는 언제나 임박한 파루시아에 대한 기대로 충만해 있었기 때문에 짐승의 이빨 앞에서도, 불타는 기둥에 묶여 죽어가면서도 믿음을 저버리지 않았던 것입니다.

카이로스의 시간이 끝나는 지점, 즉 파루시아의 때를 알고 있는 사람은 크로노스의 시간을 카이로스의 시간으로 변화시킵니다. 이제 우리의 삶에 하나님의 해시계를 놓아야 합니다. 우리의 삶에 의미를 부여하는 시간, 인생의 전환점이 되는 시간, 하나님의 역사와 뜻을 이루는 카이로스의 시간을 만들어야 합니다.

시간사용에 대한 자기비판을 해야 합니다

예수께서는 제자들을 훈련하신 후 세상으로 내보내셨습니다. 그리고 그들이 돌아와 사역한 것을 보고하면 그것에 대한 평가를 하셨습니다(눅 10:17-20). 왜 그렇게 하셨을까요? 보다 나은 사역을 위해서 입니다. 우리도 항상 자신이 사용한 시간에 대한 평가를 통하여 쓸데없이 시간을 낭비하지 말아야 합니다.

시간사용에 대한 평가를 정확히 하려면 무엇보다도 시간을 어떻게 사용하고 있는지를 파악할 수 있는 '시간사용기록표'를 작성해야 합니다. '시간사용기록표'란 하루 일과를 시간대별로 상세하게 기록한 것을 말합니다. 이것을 작성하면 자신도 모르게 낭비하는 시간을 발견하여 효율적으로 사용할 수 있게 되는 것입니다. 시간기록표를 적을 때에는 그때그때 '실시간'으로 적는 것이 매우 중요합니다. 집에 와서 적게 되면 정확도가 떨어지게 됩니다.

'류비세프'라는 구소련의 과학자가 있었습니다. 그는 생전에 무려 70여권의 학술서적을 저술했는데 이것은 타이프 원고로 12,500여장의 원고라고 합니다. 그가 이렇게 방대한 작업을 할 수 있었던 것은 바로 '시간 통계법'이란 것을 창안하고 실천에 옮겼기 때문입니다. 그는 1년, 1달, 하루, 1시간, 1초까지 통계를 내고 매년 각 분야별로 자신이 사용한 시간을 통계내고 기록하였다고 합니다. 그는 자신이 사용한 시간을 통계내는 작업을 통하여 누구보다도 시간을 아끼며 여유롭게 사용할 수 있었던 것입니다. 그렇습니다. 시간사용에 대한 평가는 제한된 시간을 풍성하게 쓸 수 있는 지혜를 제공합니다.

그러나 시간 사용에 대한 평가는 단지 이 세상에서만 시간의 낭비를 줄여 여유롭고 풍성한 삶을 누리게 하는 것은 아닙니다. 미리 이 세상에서 시간 사용에 대하여 중간 평가를 하므로 마지막 날 시간 사용에 대한 하나님의 심판을 준비하는 역할도 하고 있음을 잊지 말아야 합니다.

2장

재물의 청지기로 살아가야 합니다

01 재물을 이해하라

재물을 이해하려면 먼저 그와 비슷한 의미로 사용되는 '부'와 '돈'과의 차이점을 살펴볼 필요가 있습니다. '부'는 특정한 경제주체가 가지고 있는 재산의 전체로써, 이는 하나님께서 창조하신 것으로 본질적인 가치를 가지고 있습니다. 반면에 '돈'은 상품의 교환을 매개하고 사물의 가치를 나타내며 재산 축적의 대상으로도 사용하는 물건을 뜻하는데, 돈 자체에는 본질적인 가치가 없습니다. '재물'이란 돈이나 그 밖의 값나가는 모든 물건으로 동산뿐 아니라 부동산을 가리키는데, 재물 자체는 선도 아니고 악도 아니며, 어떻게 사용하느냐에 따라 재물의 가치가 결정되어집니다.

성경적 재물관

그리스도인은 재물에 대하여 크게 두 가지 견해를 갖고 있습니다. 하나는 그리스도인은 예수님처럼 청빈하게 살아야 한다는 것이고, 다른 하나는 하나님께서 부자이시기 때문에 우리도 부자로 살아야 한다는 것입니다.

성경은 재물에 관하여 어떻게 말씀하고 있을까요? 구약성경은 주로 재물을 하나님의 축복의 상징으로 묘사하면서 하나님을 잘 믿으면 부자가 된다는 것을 강조하는 반면, 신약성경은 재물이 신앙의 적이 될 수도 있음을 경고하면서 재물과의 일정한 거리를 유지해야 함을 교훈하고 있습니다. 따라서 어느 한쪽으로 치우친 재물관을 가지는 것은 바람직하지 않습니다.

그러나 그리스도인은 기본적으로 다음과 같은 사항을 염두에 두고 재물을 획득하고 사용해야 합니다.

첫째로, 모든 재물은 하나님의 것이라는 것입니다. 성경은 "땅과 거기에 충만한 것과 세계와 그 가운데에 사는 자들은 다 여호와의 것이로다"(시 24:1)라고 말씀하고 있습니다.

둘째로, 재물을 얻게 하시는 분은 하나님이시라는 것입니다. 성경은 "네 하나님 여호와를 기억하라 그가 네게 재물 얻을 능을 주셨음이라 이같이 하심은 네 열조에게 맹세하신 언약을 오늘과 같이 이루려 하심이니라"(신 8:18; 참조, 대상 29:12; 삼상 2:7)라고 말씀하고 있습니다.

셋째로, 그리스도인은 재물의 청지기에 불과하다는 것입니다. 재물의 주인이신 하나님께서 잠시 이 세상에서 사용하라고 위탁하신 것입니다. 성경은 "너희가 만일 불의한 재물에 충성하지 아니하면 누가 참된 것으로 너희에게 맡기겠느냐"(눅 16:11)라고 말씀하고 있습니다.

재물의 힘

재물은 잠시 하나님께서 우리에게 사용하라고 맡기신 위탁물에 불과하지만 대단한 힘을 가지고 있습니다. 우리는 예수님과 부자 청년의 이야기(눅 18장)를 통하여 그러한 사실을 엿볼 수 있습니다.

> "재물이 있는 자는 하나님의 나라에 들어가기가 얼마나 어려운지 낙타가 바늘귀로 들어가는 것이 부자가 하나님의 나라에 들어가는 것보다 쉬우니라"(눅 18:24-25).

이와 같이 재물에는 천국에 들어가는 것을 막을 수 있을 정도로 막강한 힘이 있습니다. 어떻게 재물에 이런 힘이 있는 것일까요? 재물만 있으면 지상에서 낙원의 삶을 살 수 있다는 생각이 들기 때문입니다. 사실 재물이 있으면 세상을 아주 편리하게 살 수 있습니다.

육체가 원하는 것을 좇아 누리는 삶을 살 수 있습니다. 따라서 우리는 어느 정도 재물의 힘을 인정해야 합니다.

그러나 재물의 힘을 절대로 과대평가하면 안 됩니다. 재물은 단지 우리를 편하게 할 뿐이지 그 이상도 그 이하도 아닙니다. 재물이 있다고 우리의 삶이 행복하게 되는 것은 아닙니다. 돈 주고 성공은 살 수 있어도 행복은 살 수 없습니다. 돈이면 무엇이든지 할 수 있다는 생각은 정말 그릇된 생각입니다.

욕심을 낳게 하는 재물

엄밀한 의미에서 재물은 우리를 유혹하지 않습니다. 우리 스스로 재물에 유혹을 당할 뿐입니다. 재물은 사람의 마음에 욕심을 불러일으킵니다. 그런데 욕심은 죄를 낳고 죄는 사망을 낳기 때문에(약 1:15) 재물에 대한 욕심을 통제하지 않으면 인생에 큰 낭패를 보게 됩니다.

재물에 대한 욕망을 잠재우지 못해 인생을 실패한 사람이 부지기수입니다. 가장 대표적인 사람은 가룟 유다입니다. 그는 예수님을 가까이 따라다니면서 수많은 기적을 두 눈으로 똑바로 보았습니다. 병든 자들과 귀신들린 자들이 치유 받고, 죽은 자가 살아나고, 보리떡 5개와 물고기 2마리로 5천 명이나 먹이시는 수많은 기적을 보았습니다.

그는 예수께서 기적을 행하심으로 수많은 백성들에게 환영을 받는 모습을 보면서 그분의 제자가 된 것을 스스로 자랑스럽다고 생각했을 것입니다. 또한 자신에게 돈주머니까지 맡기실 정도로 자신을 믿어주시는 예수님을 생각하며 그분께 죽도록 충성을 다짐하기도 했을 것입니다. 그리고 장차 예수께서 로마를 굴복시키시고 왕위에 오르시면 자신도 한 자리를 차지해서 재물도 많이 모을 것이라는 생각으로 들떠 있었을 것입니다.

그런데 어떻게 되었습니까? 자신이 계획한 대로 일이 되어가지 않자 예수님을 은 삼십에 팔아버렸던 것입니다. 그러나 이런 일은 가룟 유다에게만 일어나는 것이 아닙니다. 첫 사람 아담이 이 시험에서 져서 금지된 선악과를 먹은 이래, 거의 모든 사람이 이 시험을 이기지 못하여 넘어지고 있습니다.

가슴 아픈 '짐 베커' 이야기

얼마 전, 짐 베커가 감옥에서 겪은 일들을 수기형식으로 엮은 '내가 틀렸었다'(지혜의일곱기둥)라는 책이 출간되었습니다. 그는 1970년대에서부터 1987년까지 미국에서 가장 성공적인 목회자로서 미국과 전 세계의 1400만이 넘는 가정에서 수신한 'PTL(Praise The Lord)'이라 불리는 기독교방송 네트워크의 회장이었고, 미국 최대의 신앙 수양관이라고 불리는 1,023만㎡(310만평, 여의도의

1.2배) 규모의 '헤리티지 USA'의 대표를 지냈습니다. 짐 베커가 던진 메시지의 핵심은 "예수를 믿으면 성공한다"는 성공 복음이었습니다. 단순하고 다이내믹한 그의 설교는 폭발적인 부흥을 가져와 미국에서 가장 큰 교회당을 짓고 있었고, '헤리티지 USA'는 성공의 가도를 달리고 있는 것 같았습니다.

그런데 그토록 최정상에 있던 그가 87년 뉴욕 출신의 교회 비서인 '제시카 한'과의 성추문이 국제적인 뉴스가 되면서 추락하기 시작하더니, 89년에는 '헤리티지 USA' 건설과정 중의 공금유용혐의로 45년형을 선고받고 나이 50세가 되어 철창에 갇히는 신세가 되었습니다. 그가 감옥에 있는 동안 'PTL'과 '헤리티지 USA'는 다른 사람의 손에 넘어갔고, 미국 이곳저곳에 소유하고 있었던 대저택을 비롯한 모든 재산을 날렸을 뿐만 아니라, 소송에 패함으로써 우리나라 돈으로 2,000억 원이 넘는 채무를 지게 되었습니다. 그로 인하여 그의 첫사랑이자 동료였던 아내는 그와 이혼하고 그의 곁을 떠났고, 딸은 무일푼의 가난한 자가 되었으며, 아들은 학교를 중퇴하고 술과 마약으로 타락의 늪에 깊이 빠졌습니다.

짐 베커가 이토록 처절하게 패망한 이유는 무엇일까요? 그는 '내가 틀렸었다'라는 책에서 그 이유를 다음과 같이 밝히고 있습니다.

"나는 몇 년 동안 진정한 복음이 아니라 '하나님은 당신이 부자가 되기를 원하십니다!', '크리스천들은 하나님의 자녀들, 왕의 자녀들입니다. 왕의 자녀들이 이 세상이 제공하는 최고의 것을 가지지 말아야 합니까?'라고 말하는 협잡 복음을 선전하는데 기여했다는 것을 깨달았다. 성경을 더 공부함에 따라 나는 성공복음이 성경 말씀의 방향과 일치하지 않는다는 것을 인정해야만 했다. 내가 너무나 많은 사람들을 잘못 인도했다는 것을 생각하고서 나의 마음은 무너졌다."

짐 베커가 타락하게 된 것은 한 마디로 세상에서 재물을 많이 소유하여 잘 사는 것이 하나님의 뜻이라고 전파하는 '성공복음' 때문입니다. 즉 재물의 시험을 이기지 못하여 무릎을 꿇었던 것입니다. 우리를 향하신 하나님의 지고하신 뜻은 하나님의 말씀대로 순종하여 사는 것입니다. 하나님의 뜻과 무관한 재물에 대한 욕심은 모두 마귀가 주는 유혹인 줄 알고 물리쳐야 합니다.

02 예수님은 재물의 청지기로 사셨습니다

첫 사람 아담은 재물의 유혹에 넘어졌습니다. 그러나 예수께서는 이 시험에서 승리하셨습니다. 예수께서는 세상에 계실 때에 가난하게 사셨기 때문에 재물에 대한 유혹에 쉽게 넘어지실 수도 있었습니다. 그러나 시험을 물리치시고 재물을 잘 관리하시고 사용하셨습니다. 예수께서 그렇게 하실 수 있었던 비결은 무엇일까요?

재물의 주인을 하나님으로 인식하셨습니다

예수께서 재물의 청지기적 삶을 사실 수 있었던 것은 무엇보다도 재물의 주인이 하나님이심을 알고 계셨기 때문입니다. 성경에는 예수께서 재물에 관하여 교훈하신 내용이 많이 등장합니다. 그런데 그런 내용들은 주로 재물의 주인을 하나님으로 인식한데서 나온 교훈임을 알 수 있습니다.

예를 들어, 예수께서 산상수훈에서 먼저 하나님의 나라와 의를 구하면 우리가 염려하는 것들을 하나님께서 주신다고 약속하신 것이나(마 6:31-33), 일용할 양식을 달라고 기도하라고 가르치신 것이나(마 6:11), 벳새다 광야에서 수많은 사람들의 식사문제를 해결하기 위하여 보리떡 5개와 물고기 2마리를 가지사 축사하시고 하나님께 기도하신 것(마 14:13-21; 막 6:30-44; 눅 9:10-17; 요 6:1-14) 등은 모두 재물의 주인을 하나님으로 인식하신 데서 비롯된 것입니다.

예수께서는 재물의 주인이 하나님이심을 알고 계셨기 때문에 재물이 필요한 상황에서 친히 하나님께 기도를 드리셨고, 또한 제자들에게도 그렇게 하라고 가르쳐주신 것입니다. 그렇습니다. 뭔가 부족한 상황에서 하나님께 도움을 간구한다는 것은 하나님께서 모든 것의 주인이심을 인식할 때에 가능한 것입니다.

돈의 위력을 인정하셨습니다

예수께서 산상수훈에서 "보물을 땅에 쌓지 말고 하늘에 쌓아 두라"고 하시면서 다음과 같이 말씀하셨습니다.

> "한 사람이 두 주인을 섬기지 못할 것이니 혹 이를 미워하고 저를 사랑하거나 혹 이를 중히 여기고 저를 경히 여김이라 너희가 하나님과 재물을 겸하여 섬기지 못하느니라"(마 6:24).

여기서 '재물'이란 아람어로 '맘몬'(mammon)이라는 단어를 번역한 것으로 '부와 물욕의 신'이라는 뜻을 가지고 있습니다. 예수께서 재물을 일종의 신으로 간주하셨다는 것은 그것의 위력을 인정하셨다는 것입니다. 그렇습니다. 예수께서는 재물을 우습게 생각하시거나, 금기시하시거나, 무용론을 주장하시지 않았습니다. '옳지 않은 청지기 비유'를 통하여 예수께서 세상의 재물을 마지막 날을 위해 사용하는 자가 지혜로운 자라고 교훈하신 것도 재물을 경시하지 않으셨음을 보여주는 것입니다.

예수께서는 육신을 가지셨기에 재물이 얼마나 필요하신지를 알고 계셨습니다. 그리고 때로는 재물의 유혹도 받으셨을 것입니다. 그러나 예수께서는 한 번도 재물의 위력 앞에 무릎을 꿇지 않으셨습니다.

재물을 진정한 복으로 생각하시지 않았습니다

예수께서 산상수훈에서 팔복에 대하여 말씀하셨습니다. 그런데 예수께서 말씀하신 팔복에는 소위 사람들이 좋아하는 재물은 포함되어 있지 않습니다.

> "심령이 가난한 자는 복이 있나니 천국이 그들의 것임이요 애통하는 자는 복이 있나니 그들이 위로를 받을 것임이요 온유한 자는 복이 있나니 그들이 땅을 기업으로 받을 것임이요 의에 주리고 목마른 자는 복이 있나니 그들이 배부를 것임이요 긍휼히 여기는 자는 복이 있나니 그들이 긍휼히 여김을 받을 것임이요 마음이 청결한 자는 복이 있나니

그들이 하나님을 볼 것임이요 화평하게 하는 자는 복이 있나니 그들이 하나님의 아들이라 일컬음을 받을 것임이요 의를 위하여 박해를 받은 자는 복이 있나니 천국이 그들의 것임이라 나로 말미암아 너희를 욕하고 박해하고 거짓으로 너희를 거슬러 모든 악한 말을 할 때에는 너희에게 복이 있나니 기뻐하고 즐거워하라 하늘에서 너희의 상이 큼이라 너희 전에 있던 선지자들도 이같이 박해하였느니라"(마 5:3-12).

예수께서는 심령이 가난한 자, 애통하는 자, 온유한 자, 의에 주리고 목 마른 자, 긍휼히 여기는 자, 마음이 청결한 자, 화평하게 하는 자, 의를 위하여 박해를 받은 자가 복이 있다고 말씀하셨습니다. 즉 예수께서는 세상의 재물을 진정한 복으로 생각하시지 않았습니다. 그렇기 때문에 예수께서는 재물에 대한 욕심이 없으셨고 재물을 얻는 일에 마음을 빼앗기시지도 않았습니다. 그리고 항상 가지고 계신 것으로 만족하게 여기셨고 감사하는 마음으로 살아가셨습니다.

재물보다 우선해야 할 것이 있음을 아셨습니다

어느 날 무리 중에 한 사람이 재산 문제로 예수님께 나아와 자신의 형에게 자기와 유산을 나누라는 명령을 해달라는 요청을 했습니다. 아마도 이 사람은 예수님께서 자신의 편을 들어 주실 줄 알고 이 문제를 예수님께 부탁했던 것 같습니다. 그러나 예수께서는 의

외의 대답을 하셨습니다.

"삼가 모든 탐심을 물리치라 사람의 생명이 그 소유의 넉넉한 데 있지 아니하니라"(눅 12:15).

예수께서 이렇게 말씀하신 것은 그의 형이 마땅히 분배해야 할 유산을 나누지 않아도 된다는 것을 의미하는 것이 아닙니다. 재물보다는 먼저 형제애를 가져야 한다는 것을 말씀하신 것입니다. 즉 분쟁을 해서라도 재물을 얻으려고 하지 말고 오히려 손해를 보더라도 형제애를 지켜야 한다는 것입니다. 그렇습니다. 예수님께서는 재물을 소유하는 것보다 형제애가 더 중요하다고 생각하셨습니다.

또한 예수께서 그 사람과의 대화가 끝나자 곧바로 한 부자의 비유를 말씀하셨습니다.

"한 부자가 그 밭에 소출이 풍성하매 심중에 생각하여 이르되 내가 곡식 쌓아 둘 곳이 없으니 어찌할까 하고 또 내가 이렇게 하리라 내 곳간을 헐고 더 크게 짓고 내 모든 곡식과 물건을 거기 쌓아 두리라 또 내가 내 영혼에게 이르되 영혼아 여러 해 쓸 물건을 많이 쌓아 두었으니 평안히 쉬고 먹고 마시고 즐거워하자 하리라 하되 하나님은 이르시되 어리석은 자여 오늘 밤에 네 영혼을 도로 찾으리니 그러면 네 준비한 것이 누구의 것이 되겠느냐 하셨으니 자기를 위하여 재물을 쌓아두고 하나님께 대하여 부요하지 못한 자가 이와 같으니라"(눅 12:16-21).

이 비유의 핵심은 무엇일까요? 장차 어떻게 될지 모르는 재물을 모으는 일에 관심을 쏟지 말고 하나님께 마음을 쏟으라는 것입니다. 즉 재물보다 하나님을 찾아야 한다는 뜻입니다. 그렇습니다. 예수께서는 항상 재물을 최우선 순위에 두시지 않았습니다.

재물을 소유가 아닌 나눔의 대상으로 생각하셨습니다

예수께서는 사업을 하여 재물을 얻는 것을 죄로 여기시지 않았습니다. 오히려 재물을 얻기 위해 열심히 노력해야 함을 가르치셨습니다(마 25:26-27). 그러나 단순히 부자가 되기 위해 재물을 획득하는 것은 반대하셨습니다. 그래서 어떻게 해야 영생을 얻을 수 있는지를 묻는 부자관리에게 "네게 있는 것을 다 팔아서 가난한 자들에게 나눠주라"(눅 18:22)고 하신 것입니다.

예수께서는 이 세상에 사시는 동안 가난하게 사셨습니다. 얼마나 가난하게 사셨던지, "여우도 굴이 있고 공중의 새도 집이 있으되 인자는 머리 둘 곳이 없도다"(눅 9:58)라고 말씀하실 정도였습니다. 그런데 왜 예수께서 그토록 가난하게 사셨을까요? 사도 바울은 그 이유를 다음과 같이 설명하고 있습니다.

"우리 주 예수 그리스도의 은혜를 너희가 알거니와 부요하신 이로서 너희를 위하여 가난하게 되심은 그의 가난함으로 말미암아 너희를 부요하게 하심이라"(고후 8:9).

예수께서 가난하게 사신 이유는 가난 자체를 즐기시기 위한 것이 아니라, 자신의 가난해지심을 통하여 다른 사람을 부요하게 하려는 데 있었습니다. 즉 예수께서는 재물을 축적의 개념으로 생각하시지 않고 나눔의 대상으로 생각하시고 그것을 실천하셨습니다.

재물이 신앙의 적이 될 수도 있음을 인식하셨습니다

어느 날 재물이 많은 청년이 예수님께 찾아와 영생을 얻기 위해서 자신이 어떻게 해야 할지를 물었습니다. 이에 영원한 생명을 얻으려면 먼저 계명들을 지켜야 한다고 말씀하셨습니다. 그 청년이 이를 다 지켰다고 하자, 예수께서 그의 소유를 다 팔아 가난한 자들에게 나눠준 후에 자신을 따르라고 하셨습니다. 그러나 그 청년은 재물이 많기 때문에 근심하면서 예수님을 떠나갔습니다. 그러자 예수께서 청년과의 대화를 마치신 후 제자들에게 이렇게 말씀하셨습니다.

"내가 진실로 너희에게 이르노니 부자는 천국에 들어가기가 어려우니라 다시 너희에게 말하노니 낙타가 바늘귀로 들어가는 것이 부자가 하나님의 나라에 들어가는 것보다 쉬우니라"(마 19:23-24).

예수께서 이렇게 말씀하신 것은 부자는 천국에 들어가지 못한다는 뜻이 아닙니다. 성경에는 재물이 많음에도 신앙생활을 잘하여 하나님께 영광을 돌린 사람들이 많습니다. 초대교회에는 바나바를 비롯하여 많은 성도들이 자신의 집과 밭을 팔아 다른 성도들의 필요를 채웠고(행 4:32-37), 막달라 마리아와 요안나와 수산나와 많은 여인들은 자기들의 소유로 예수님과 제자들을 섬겼고(눅 8:1-3), 아리마대 요셉은 빌라도에게 예수님의 시체를 달라하여 새 무덤에 장사를 지냈습니다. 그렇습니다. 재물이 많다고 신앙생활을 제대로 하지 못하는 것은 아닙니다.

그럼에도 불구하고 예수께서 이와 같이 말씀하신 것은 재물이 신앙생활에 적이 될 수도 있음을 경고하신 것입니다. 그렇습니다. 재물에는 대단한 힘이 있기 때문에 주의하지 않으면 자신도 모르는 사이에 재물의 덫에 걸려 신앙에 치명적인 손상을 입을 수 있습니다. 성경은 다음과 같이 경고하고 있습니다.

"그러나 자족하는 마음이 있으면 경건은 큰 이익이 되느니라 우리가 세상에 아무것도 가지고 온 것이 없으매 또한 아무것도 가지고 가지 못하리니 우리가 먹을 것과 입을 것이 있은즉 족한 줄로 알 것이니라 부하려 하는 자들은 시험과 올무와 여러 가지 어리석고 해로운 욕심에 떨어지나니 곧 사람으로 파멸과 멸망에 빠지게 하는 것이라 돈을 사랑함이 일만 악의 뿌리가 되나니 이것을 탐내는 자들은 미혹을 받아 믿음에서 떠나 많은 근심으로써 자기를 찔렀도다"(딤후 6:6-10).

03 우리는 재물을 어떻게 사용해야 하나요?

돈 앞에 쩔쩔매며 살아가는 현대인들을 풍자하여 십계명을 본 따서 만든 '재물 십계명'이 있습니다.

"제1계명, 돈을 지상에서 최고로 생각하라. 제2계명, 돈을 속된 것으로 낮춰 보지 말아라. 제3계명, 돈을 벌기 위해서는 주일도 쉬지 말아라. 제4계명, 돈 앞에는 부모도 없다. 제5계명, 돈 앞에서는 모두가 다 경쟁자이다. 무조건 이겨야 한다. 제6계명, 돈만 있으면 사랑도 지위도 살 수 있다. 제7계명, 남의 것을 가지려는 마음이 있어야 돈을 번다. 제8계명, 거짓말을 잘 해야 돈을 번다. 제9계명, 돈만 있으면 남의 부인도 집도 살 수 있다. 제10계명, 남의 재물도 내 것으로 만들 야심을 가져야 돈을 번다."

어쩌면 이것이 우리의 모습일지도 모릅니다. 하나님을 믿는다고 말은 하지만, 돈을 섬기는 그리스도인들이 얼마나 많은지 모릅니다. 그리스도인은 예수님과 동일한 재물관을 가지고 재물을 다루어야 합니다. 구체적으로 어떻게 해야 할까요?

재물의 청지기임을 알아야 합니다

하나님께서 우주 만물을 만드셨기 때문에 모든 것이 다 하나님의 것이고(시 24:1, 참조 시 50:10-11; 학 2:8), 우리는 하나님의 것을 사용하도록 위탁받은 청지기에 불과할 뿐입니다. 청지기는 오직 주인의 뜻에 따라 일을 하는 자입니다. 따라서 우리가 하나님의 것을 자기 마음대로 사용하지 않기 위해서는 늘 청지기 의식을 가져야 할 뿐만 아니라, 사용하기 전 항상 주인의 뜻을 묻는 습관을 가져야 합니다.

그런데 우리의 모습은 어떻습니까? 재물에 대한 청지기 의식이 빈약하기 때문에 하나님의 뜻과 상관없이 재물을 자기 마음대로 사용하고 있습니다. 그래서 하나님께서 의도하신 선한 일에 사용되어져야 할 재물이 자신의 이름을 드러내거나 죄를 짓는 일에 사용되어지고 있습니다. 재물을 획득하는 것도 중요하지만 이보다 더 중요한 것은 얻은 재물을 어떻게 사용하느냐 입니다.

온전한 십일조를 드려야 합니다

재물의 청지기로서 먼저 실행해야 할 것은 하나님께 십일조를 드리는 일입니다. 십일조는 모든 재물의 주인이 하나님이심을 인정하는 신앙고백이기 때문에 십일조를 드리지 않으면 재물의 청지기로 살아갈 수 없습니다.

십일조를 꼭 드려야 되느냐, 안 드려도 되느냐에 대해서는 논쟁이 그치지 않고 있습니다. 그러나 십일조는 반드시 드려야 합니다. 왜냐하면 신구약성경 모두 십일조를 드리라고 말씀하고 있기 때문입니다.

구약시대에 레위지파는 기업이 없었기 때문에 하나님께서 이스라엘 백성들에게 각 가정을 단위로 십일조를 드리게 하셨고, 또한 레위지파는 이스라엘 백성들로부터 받은 십일조에서 십일조를 떼어 제사장에게 바쳐서 그들이 생활하도록 하게 하셨습니다(레 27:30; 민 18:23-29, 참조 말 3:10).

그런데 신약시대에는 레위지파와 제사장이 없고 단지 직업을 갖지 않고 목회에 전념하는 목회자가 있을 뿐입니다. 그러나 신약성경은 십일조를 드리라고 명령하고 있습니다.

> "화 있을진저 외식하는 서기관들과 바리새인들이여 너희가 박하와 회향과 근채의 십일조는 드리되 율법의 더 중한 바 정의와 긍휼과 믿음은 버렸도다 그러나 이것도 행하고 저것도 버리지 말아야 할지니라"(마 23:23; 눅 11:42).

이 말씀은 당시 바리새인들은 율법에조차 정해 놓지 않고 있는 항목까지 세밀하게 십일조를 드리고 있었지만, 정의와 긍휼과 믿음이 없는 삶을 살고 있었기 때문에 예수께서 바리새인들을 향하여 책망하신 것입니다. 즉 소득의 십일조를 온전히 드림으로 하나님을 재물의 주인으로 섬길 뿐만 아니라, 정의와 긍휼과 믿음의 삶을 통하여 하나님을 삶의 주인으로도 섬기라는 뜻입니다. 따라서 그리스도인은 재물의 청지기로서 재물의 주인이신 하나님께 온전히 십일조를 드려야 하는 것입니다.

그런데 십일조를 비롯한 각종 헌금생활을 할 때에 주의해야 할 것이 있습니다.

첫째로, 십분의 일만 하나님의 것이라고 생각하면 안 됩니다. 십일조는 십분의 일을 드림으로 모든 것이 하나님의 것임을 고백하는 것이기 때문에 십일조를 드린 나머지도 하나님의 것임을 알아야 합니다. 그리스도인의 생명은 하나님의 것이기 때문에 삶의 전부를 드려야 합니다(롬 12:1; 고전 6:19, 20). 하나님께서는 십일조뿐만 아니라 우리의 전부를 받으시기를 원하십니다.

둘째로, 인색한 마음으로 드리지 말아야 합니다. 왜냐하면 인색함에는 하나님께 대한 감사가 빠져있으므로 하나님께서 기쁘게 받으시지 않기 때문입니다. "각각 그 마음에 정한 대로 할 것이요 인색함으로나 억지로 하지 말지니 하나님은 즐겨 내는 자를 사랑하시느니라"(고후 9:7).

셋째로, 가난하다고 헌금생활을 게을리 하면 안 됩니다. 예수께서는 가난한 과부가 두 렙돈을 넣는 것을 보시고 가장 많이 드렸다고 기뻐하셨습니다(막 12:43-44). 하나님께서는 심은 대로 거두게 하시기 때문에 없을수록 믿음으로 드리려고 노력해야 합니다.

넷째로, 온전한 십일조를 드려야 합니다. 그리스도인들이 십일조를 드리지만 명목상의 십일조를 드리는 경우가 많습니다. 말라기 선지자 시대에도 이스라엘 백성들이 명목상의 십일조를 드리는 자들이 많았기 때문에 하나님께서 말라기 선지자를 통하여 그들을 책망하시고 십일조를 드리되 '온전한' 십일조를 드리라고 말씀하신 것입니다(말 3:8-10).

다섯째로, 십일조를 드린 나머지를 주님의 뜻대로 사용해야 합니다. 십일조를 정확하게 드리지만 십분의 구를 자기 멋대로 사용하는 것은 십일조 정신에서 어긋나는 행동입니다. 하나님께서는 십분의 일보다 십분의 구를 어떻게 쓰는가에 대하여 더 깊은 관심을 가지고 계심을 알아야 합니다.

여섯째로, 복을 받으려고 십일조를 드리면 안 됩니다. 십일조는 구원받은 것이 너무 감사해서 하나님께 당연히 드리는 것이지 복을 받기 위해 드리는 것이 아닙니다. 따라서 십일조를 잘 드리지만 삶에 윤택함이 없다는 이유로 시험에 들지 말아야 합니다. 성경은 하나님만 잘 믿으면 모든 것이 잘 된다고 약속하고 있지 않습니다. 즉 교회에 죽도록 충성하고, 열심히 기도하고, 헌금생활을 잘하면 이 세상에서 형통하다고 가르치고 있지 않습니다. 신앙생활을 잘 해도 얼마든지 어려움에 처할 수 있음을 알아야 합니다. 심지어 새벽기도에 다녀오다가 교통사고로 죽는 일도 있고, 강도를 만나 돈을 빼앗길 수도 있고, 예배를 드리는 사이 집안의 귀중품을 도적질 당할 수도 있습니다. 성공복음은 그럴 듯하게 들리지만 결코 주님의 음성이 아님을 알아야 합니다. 믿음의 사람들은 스스로 고난의 길을 걸어갔음을 기억해야 합니다.

일곱째로, 헌금은 가장 확실한 투자임을 알아야 합니다. 하나님께서는 심은 대로 거두게 하십니다. 적게 심는 자는 적게 거두고 많이 심는 자는 많이 거둡니다(고후 9:6). 하나님께 드려진 재물이 가장 안전한 것입니다. 우리는 하늘에 보화를 쌓기 위해 노력해야 합니다(마 6:19-20).

정직한 방법으로 재물을 취득해야 합니다

우리말에 "개같이 벌어서 정승같이 쓰라"고 했는데, 이는 돈을 벌 때에는 궂은일을 가리지 말고, 번 돈을 쓸 때에는 가치 있는 일에 떳떳하게 사용하라는 뜻입니다. 그런데 이 속담은 곱씹어봐야 합니다. 왜냐하면 '개같이 벌어'라는 문구 때문입니다. 우리가 알다시피 개는 먹을 것이 있으면 장소를 가리지 않기 때문에 더럽고 지저분한 동물을 상징합니다. 즉 '개처럼 벌어'라는 말은 돈을 벌기 위해서는 수단과 방법을 가리지 않아도 되는 것처럼 들립니다. 지금 우리 사회가 이처럼 부패해 있는 것은 "돈이면 안 되는 것이 없다"는 생각에 돈이 되는 일이라면 수단과 방법을 가리지 않기 때문입니다.

그러나 그리스도인은 돈 버는 방법이 세상 사람들과 달라야 합니다. 불법이나 탈법을 자행하면 안 됩니다. 성경은 "모든 자에게 줄 것을 주되 조세를 받을 자에게 조세를 바치고 관세를 받을 자에게 관세를 바치고 두려워할 자를 두려워하며 존경할 자를 존경하라"(롬 13:7)라고 말씀하고 있습니다. 하나님께서 거룩하시기 때문에 그분께 드리는 돈이 거룩해야 하고, 돈을 버는 방법 역시 거룩해야 합니다. 거룩하지 않은 돈은 하나님께서 받으시지 않습니다.

"창기가 번 돈과 개 같은 자의 소득은 어떤 서원하는 일로든지 네 하나님 여호와의 전에 가져오지 말라 이 둘은 다 네 하나님 여호와께 가증한 것임이니라"(신 23:18).

필자가 분당에서 목회할 때에 큰 예배당으로 옮기자마자 IMF가 찾아오고, 건물주에게 사기를 당해 교회 건물이 경매에 들어가게 되어 성도들이 많이 나가는 바람에 재정적으로 어려움을 겪은 때가 있었습니다. 마침 교인 중에 일본에 나라를 판 송병준의 후손이 있었는데, 소송에서 이기면 교회를 건축해준다는 말을 듣고서 그가 승소하기를 간절히 기도한 적이 있었습니다. 잠시나마 예배당을 지어준다는 말에 솔깃해서 깨끗하지 못한 돈임에도 불구하고 하나님께 매어달린 것을 생각하면 지금도 부끄러움을 금할 수 없습니다.

하나님께서는 무슨 돈이라도 우리가 드리기만 하면 받으시는 분이 아니십니다. 깨끗하지 않은 돈을 받지 않으신다는 것을 깊이 명심하고 돈을 벌되 한 점 부끄러움이 없도록 해야 합니다.

다른 사람과 재물을 나누는 삶을 살아가야 합니다

하나님께서 그리스도인에게 재물을 주시는 이유는 하나님과 이웃을 섬기도록 하기 위해서 입니다. 자신의 욕망을 만족시키거나 자신만을 위해 사용하도록 주시는 것이 아닙니다. 따라서 우리는 하나님께서 주신 재물을 어떻게 다른 사람과 나눌지에 대해 관심을 가져야 합니다.

오늘날 교회가 세상 사람들에게 비난을 받고 지탄의 대상이 되고 있는 것은 교회 밖의 사람들에게 적극적으로 사랑의 손길을 펼치지 않고 교회의 담을 좀 더 두껍게, 좀 더 높게 쌓는 일에만 몰두하고 있기 때문입니다.

예수께서 이 땅에 계실 때에 주린 자들과 병든 자들과 가난한 자들을 돌아보셨듯이, 우리도 주변에 있는 어려운 이웃들을 보살펴야 합니다. 우리가 교회에 헌금을 드리면 교회에서 대상자를 선정해서 불우한 이웃들을 돕겠지만, 개인적으로도 가난한 이웃을 돌보는 삶을 살아가야 합니다. 특별히 북한에서 고통당하는 동포들과 탈북자들과 외국인 근로자들을 돌아보아야 합니다.

그러나 우리가 가난한 자들을 돌아볼 때에 주의해야 할 것이 있습니다. 자원하는 마음으로 해야 하고(고후 8:3-4), 자신이 수고하고 힘써 번 돈으로 해야 하고(엡 4:28), 은밀한 가운데 자신을 드러내지 않아야 하며(마 6:3-4), 가난한 자들을 돌아본다는 미명하에 자신의 가족을 돌보지 않으면 안 됩니다(딤전 5:8).

우리가 어려운 이웃을 돌아보는 일은 선택이 아니라 필수입니다. 여유가 있으면 하고 없으면 하지 않아도 되는 것이 아닙니다. 하나님의 명령인 줄 알고 순종해야 합니다.

> "네 하나님 여호와께서 네게 주신 땅 어느 성읍에서든지 가난한 형제가 너와 함께 거주하거든 그 가난한 형제에게 네 마음을 완악하게 하지 말며 네 손을 움켜 쥐지 말고 반드시 네 손을 그에게 펴서 그에게 필요한 대로 쓸 것을 넉넉히 꾸어주라"(신 15:7-8).
>
> "또 주린 자에게 네 양식을 나누어 주며 유리하는 빈민을 집에 들이며 헐벗은 자를 보면 입히며 또 네 골육을 피하여 스스로 숨지 아니하는 것이 아니겠느냐"(사 58:7).
>
> "내가 곤고하고 가난한 백성을 위해 너희 중에 남겨 두리니 그들이 여호와의 이름을 의탁하여 보호를 받을지라"(습 3:12).

스스로 가난한 자가 되기 위해 노력해야 합니다

　예수께서 이 땅에 계시는 동안 수많은 고난을 당하셨지만 가장 큰 고난은 십자가에 못 박히신 것입니다. 그 다음은 인간의 몸으로 오셔서 가난하게 사신 것입니다. 큰 집에 살다가 작은 집으로 이사를 가거나, 큰 차를 타다가 작은 차를 타면 큰 불편을 느끼듯이, 세상을 만드신 하나님께서 인간의 몸을 입고 이 땅에 오셔서 가난하게 사신다는 것은 보통 고난이 아닙니다. 그런데 예수께서 왜 그렇게 하셨을까요? 그의 가난하게 되심을 인하여 우리를 부요하게 하시기 위해서 입니다(고후 8:9).

　그런데 이것이 최종적인 목적이 아님을 알아야 합니다. 즉 단지 우리를 부요하게 하시기 위해서 예수께서 가난하게 되신 것이 아니라는 것입니다. 우리도 예수님을 본받아 다른 사람을 위해 스스로 가난한 삶을 살라고 본을 보여주신 것입니다(벧전 2:21). 따라서 예수께서 우리를 위하여 가난해지신 것 같이, 우리도 스스로 가난해지려고 노력해야 합니다. 이런 삶을 살지 않고서는 예수님의 참다운 제자가 될 수 없습니다(눅 14:33).

　그런데 '가난하게 된다' 는 말의 의미를 정확히 알아야 합니다. 그것은 모든 것을 나누어 주고 자신은 거지로 살라는 말이 아닙니다. 가난한 자의 삶에 관심을 갖고 함께하라는 것입니다. 즉 '가난하게 된다' 는 것은 '비우는 것' 이 아니라, '나누는 것' 에 초점을 둔다는 의미입니다. 우리는 재물을 모으는 데만 관심을 쏟지 말고 주님께서 허락하신 재물을 가난한 자와 나누는 데에 관심을 가져야 합니다.

과도한 지출로 빚을 지지 말아야 합니다

 최근 보도된 뉴스에 의하면 미국인의 50%가 빚, 특별히 신용카드 사용에 의한 빚으로 고통 가운데 살아가고 있다고 합니다. 그런데 미국만 그런 것이 아닙니다. 경제대국인 일본도 한화로 환산해서 국민 일인당 8,600만원의 부채를 안고 있고, 영국은 4만 7천 달러, 우리나라는 일인당 1,650만원(2009년 현재)의 빚을 지고 살아가고 있습니다. 따라서 그리스도인들도 일인당 1,650만원의 빚을 지고 있는 것입니다.

 그런데 성경은 "피차 사랑의 빚 외에는 아무에게든지 아무 빚도 지지 말라"(롬 13:8)고 말씀하고 있기 때문에 그리스도인은 빚을 지지 말아야 합니다. 왜 그럴까요?

 첫째로, 하나님께 영광이 되지 않기 때문입니다. 하나님께서 사람을 부하게도 하시고 가난하게도 하시기 때문에 얼마든지 우리도 가난하게 살아갈 수 있습니다. 그러나 빚을 지는 것은 하나님께서 의도하신 것이 아니기 때문에 빚을 지면 하나님께 영광이 되지 않습니다. 우리는 먹든지 마시든지 무엇을 하든지 다 하나님의 영광을 위해 살아가야 합니다(고전 10:31).

둘째로, 하나님께서 재물의 주인이시고 우리는 청지기인데 빚을 진다는 것은 재물의 청지기로 제대로 살지 않았다는 증거가 되기 때문입니다. 우리가 주님의 뜻대로 재물을 관리하면 다른 사람에게 빚을 지지 않게 됩니다. 성경은 하나님께서 우리의 필요를 다 아실 뿐 아니라 채워주신다고 약속하고 있습니다(빌 4:19).

셋째로, 빚을 지면 빚을 진 자에게 종노릇을 하게 되기 때문입니다. 빚을 지면 사람의 종이 되거나 돈의 노예로 전락하게 됩니다(잠 22:7). 그러나 우리는 그리스도의 종이기 때문에 그리스도에게만 종노릇해야 합니다.

그러면 어떻게 하면 빚을 지지 않고 살아갈 수 있을까요?

첫째로, 돈을 빌리지 않겠다는 원칙을 갖고 살아야 합니다. 빚을 지지 않는 최고의 방법은 돈을 빌리지 않는 것입니다. 물론 세상을 살아가다보면 돈을 빌려야 하는 피치 못할 상황이 생길 수도 있지만, 돈을 빌리지 않겠다는 원칙을 가지고 살면 빚을 져도 최소한으로 그치게 됩니다.

둘째로, 하나님의 공급하심을 믿고 기도해야 합니다. 돈이 부족한 상황이 생기면 남에게 빌릴 생각부터 하지 말고, 먼저 하나님께 도움을 청해야 합니다. 그런데 많은 그리스도인들이 거꾸로 합니다. 먼저 빚을 지고 나서 그 빚을 갚아달라고 하나님께 기도를 합니다.

필자는 사법고시를 준비하다가 급작스럽게 신학을 하게 되어 집안의 반대가 심했기 때문에 재정적으로 어려움이 많았습니다. 그런데 빌립보서를 원전으로 읽다가 '그 풍성한 대로 너희 모든 쓸 것을 채우시리라'(빌 4:19)에서 '그 풍성한 대로'가 '하나님의 풍성한 대로'라는 것을 알게 되었습니다. 그 이후로 이 말씀을 붙잡고 기도해서 그 약속대로 풍성히 채우시는 하나님의 풍성한 은혜를 맛보며 살아가고 있습니다.

당시 일반대학을 졸업하고 회사에 다니는 사람이 받는 평균 월급은 한 달에 30만원 정도였습니다. 그런데 하나님께서 약속하신 대로 직장에 다니지 않고 신학대학원에서 공부하는 저에게 매달 직장인이 받는 월급보다 더 풍성하게 공급해주셨습니다. 저는 지금도 재정적으로 문제가 생기면 이 약속의 말씀을 붙잡고 기도하여 빚을 지지 않는 삶을 살아가고 있습니다.

셋째로, 꼭 구입해야만 하는 것인지를 생각해야 합니다. 즉 충동구매를 하지 말아야 합니다. 무엇이든지 조급하게 결정하면 후회하게 되어 있습니다. "참으면 복이 온다"는 말은 돈을 쓰는데도 적용되는 말임을 알아야 합니다.

넷째로, 빚을 진 경우는 속히 갚아야 합니다. 혹 빚을 진 경우는 이자율이 높고 빌린지 오래된 것부터 상환해야 합니다. 성경은 어떤 이유로든 빚을 진 경우는 되도록 빨리 갚을 책임이 있다고 말씀하고 있습니다(마 5:25-26, 참조 잠 3:27-28).

  소크라테스가 죽기 전, 자기 제자를 불러 모으자 마지막으로 고귀한 훈시를 내릴 줄 알고 제자들은 잔뜩 기대에 부풀어 있었다고 합니다. 그런데 그는 이렇게 말하고 사약을 마시고 최후를 맞이했다고 합니다. "내가 얼마 전에 돈을 지불하지 않고 닭 한 마리를 먹었는데 그걸 좀 대신 갚거라."

  그러나 우리가 빚을 져도 되는 경우가 있습니다. 로마서 13장 8절은 사랑의 빚 외에는 어떤 빚도 금지하는 것처럼 보이지만 그렇지 않습니다. 영어 성경(NIV)은 "아무 빚도 지지 말라"는 말씀을 "어떤 빚도 미불상태로 두지 마라"라고 번역하고 있습니다. 즉 갚을 능력이 있는 경우는 상황에 따라 빚을 져도 된다는 것입니다.

  특별히 하나님의 일을 위하여(선한 사업 포함) 믿음으로 헌금하는 경우는 빚을 져도 됩니다. 왜냐하면 자신의 욕심이나 게으름 등으로 빚을 지는 것이 아니라, 그리스도께 진 사랑의 빚을 갚기 위해 믿음으로 지는 것이기 때문입니다. 그래서 바울은 고린도 교회의 성도들에게 '힘에 지나도록' 헌금한 것을 잘했다고 칭찬하였던 것입니다(고후 8:1-2).

재물 사용에는 신상필벌이 따름을 알아야 합니다

하나님께서 물질의 주인이시기 때문에 이 세상에서뿐만 아니라, 마지막 날 하나님 앞에서 심판을 받아야 합니다. 학개 선지자는 이스라엘 백성들이 하나님께 재정적 의무를 온전히 감당하지 못함으로 그들이 많이 뿌렸지만 수확을 적게 거두었고, 먹을지라도 배부르지 않았으며, 마실지라도 흡족하지 않았고, 입어도 따뜻하지 못하고, 삯을 받아도 밑 빠진 독에 물을 붓는 것과 같았다고 말하고 있습니다(학 1:3-6).

또한 말라기 선지자도 이스라엘 백성들이 십일조를 온전히 드리지 않음으로 하나님께 저주를 받았다고 말하고 있습니다(말 3:9). 그렇습니다. 우리는 단지 청지기에 불과하기 때문에 하나님께서 잠시 사용하라고 빌려주신 재물을 잘못 사용할 경우 이에 따른 심판을 피할 수 없습니다.

반면에 재물을 주님의 뜻대로 사용하면 하나님께 상을 받는다는 사실을 알아야 합니다. 성경은 우리가 재물의 청지기로 살 경우 어떤 복을 약속하고 있을까요?

첫째로, 여호와 하나님께서 우리의 손으로 하는 모든 일에 복을 베풀어 주십니다(신 14:29, 15:10).

둘째로, 하나님께서 반드시 우리의 선행을 갚아주십니다(잠 19:17).

셋째로, 궁핍하지 않게 하시고(잠 28:27), 후히 되어 누르고 흔들어 넘치도록 하여 우리에게 안겨주십니다(눅 6:38).

넷째로, 하나님께서 그리스도 예수 안에서 영광 가운데 그 풍성한 대로 우리의 모든 쓸 것을 채워주십니다(빌 4:18-19).

3장

몸의 청지기로
살아가야 합니다

01 몸을 이해하라

흔히 육신이라고 부르는 '몸'을 이해하기 위해서는 먼저 사람에 대한 이해가 선행되어야 합니다. 그동안 인간을 주로 삼분설(인간이 영과 혼과 육으로 구성되어 있다고 주장)과 이분설(인간이 영혼과 몸으로 구성되어 있다고 주장)로 이해하려는 경향이 있었습니다. 왜냐하면 성경에는 인간을 표현할 때에 각각 삼분설(살전 5:23; 히 4:12) 또는 이분설(마 10:28; 고전 7:34; 약 2:26)로 표현하는 구절들이 여러 곳에 등장하고 있기 때문입니다.

그러나 요즈음에는 인간을 이분설이나 삼분설로 이해해서는 안 된다는 주장이 고개를 들고 있습니다. 그들은 성경이 인간을 '영혼과 몸' 또는 '영, 혼, 몸'으로 표현한 것은 한 존재를 여러 측면으로 설명한 것이지, 인간이 '영과 혼'과 '육 또는 영혼과 몸'이 합쳐져서 만들어졌다는 것을 의미하는 것이 아니라고 주장합니다. 즉 영은 성령 하나님께서 찾아오셔서 집으로 삼는 사람을 가리키고, 혼은 지정의(知情意)로 구분되는 인격을 가진 사람을 가리키고, 육(육신, 몸)은 오감으로 반응하는 사람을 가리키는 것이라고 합니다.

그러나 우리가 인간을 이해함에 있어서 이분설을 취하느냐, 삼분설을 취하느냐, 일원론(통합적 존재론)을 취하느냐는 것은 그리 중요한 것이 아닙니다. 성경을 보는 관점에 따라 얼마든지 견해를 달리 할 수 있습니다. 인간 이해에 있어서 가장 중요한 것은 인간은 하나님의 피조물로서 오직 하나님의 영광을 위해 살아가야 하는 존재이지만, 아담의 범죄로 죄인이 되었고 죽은 다음에는 반드시 하나님 앞에서 심판 받아야 할 존재라는 것을 아는 것입니다.

소마와 사륵스

사람의 몸(육신)을 가리키는 헬라어 단어로는 '사륵스'와 '소마'가 있습니다. '사륵스'는 말 그대로 살덩어리를 의미하는 단어이지만 '소마'는 단순한 몸이 아니라 그 사람의 모든 것, 즉 전인을 나타내는 용어입니다. 예를 들어, 사도 바울이 "너희 몸을 거룩한 산 제사로 드리라"(롬 12:1)라고 했을 때의 '몸'은 소마입니다.

몸과 육신이 종종 혼용되어 사용되지만 육신(사륵스)은 멸망으로 끝나는데 반하여, 몸(소마)은 멸망으로 끝나지 않기 때문에 예수 그리스도의 부활과 관련되어 사용되어질 때는 몸(소마)과 육신(사륵스)은 완전히 구별되어집니다.

사람의 몸과 그리스도의 몸

그러면 '몸'은 무엇일까요? 몸의 사전적인 뜻은 생물의 한 개체를 일컫는 말로써 사람이나 동물의 형상을 이루는 전체를 의미합니다. 하나님께서 처음에 인간을 창조하실 때에 죄 없는 몸으로 창조하셨습니다. 그런데 사탄이 인간으로 죄를 범케 하여 죄의 몸을 가지게 된 것입니다. 따라서 아담의 후손인 모든 사람의 몸은 죄를 지을 수밖에 없습니다. 그래서 성경은 "의인은 없나니 하나도 없다"(롬 3:10), "모든 사람이 죄를 범하였으매"(롬 3:23)라고 말씀하고 있는 것입니다. 즉 인간의 몸은 죄와 불가분의 관계에 있습니다.

반면에 예수께서는 인간의 몸을 입고 이 세상에 오셨지만 아담의 후손이 아니라, 성령으로 잉태되셨기 때문에 죄성이 없는 몸을 가지셨습니다. 혹자는 마리아도 죄인이기 때문에 예수께서 성령으로 잉태되셨어도 죄인이라고 주장을 합니다. 그러나 예수께서 동정녀 마리아에게 잉태되신 것은 마리아의 난자와의 결합으로 된 것이 아니라, 성령의 능력으로 되었기 때문에 예수님의 몸은 죄성이 없는 것입니다.

성도의 몸

우리가 구원받기 전에는 육에 속해 있어서 육의 본성에 지배를 받아 살았었습니다. 하지만 우리가 죄에서 벗어남으로 말미암아 이제 육에서도 벗어나게 되었습니다. 비록 아직 구속받지 못한 몸 안에 여전히 육이 남아있지만, 우리가 이 육에 속한 것이 아니기 때문에 죄의 본성을 거스려 의를 행할 수 있게 되었습니다. 우리가 거듭났기 때문에 성령께서 내주하시므로 육에 속한 자가 아니라 영에 속한 자가 되었습니다. 그래서 바울은 "만일 너희 속에 하나님의 영이 거하시면 너희가 육신에 있지 아니하고 영에 있나니 누구든지 그리스도의 영이 없으면 그리스도의 사람이 아니라"(롬 8:9)라고 말한 것입니다.

그런데 우리가 알아야 할 것은 영에 속한 자가 되어 새 사람이 되었다는 것은 법적으로 그렇다는 것이지 현실적으로 그렇다는 것이 아닙니다. 사도 바울은 "우리가 알거니와 우리 옛 사람이 예수와 함께 십자가에 못 박힌 것은 죄의 몸이 죽어 다시는 우리가 죄에게 종 노릇 하지 아니하려 함이니"(롬 6:6)라고 말하고 있는데, 여기서 '옛 사람'은 아담 안에 있었던 우리의 신분을 이야기하고 '죄의 몸'이라는 것은 이제 새 사람이 되었지만 아직 우리에게 남아 있는 옛 성품, 즉 죄의 뿌리와 영향력을 가리킵니다. 그렇습니다. 예수님을 믿음으로 새 사람이 되어 신분이 바뀌고 운명이 바뀌었지만, 여전히 우리의 몸은 죄를 짓고자 하는 욕망을 가지고 있습니다. 그래서 우리의 몸은 새 사람과 옛 사람과의 전쟁터임을 알아야 합니다. 이러한 사실을 바울은 아래와 같이 설명하고 있습니다.

"내 속사람으로는 하나님의 법을 즐거워하되 내 지체 속에서 한 다른 법이 내 마음의 법과 싸워 내 지체 속에 있는 죄의 법으로 나를 사로잡는 것을 보는도다"(롬 7:22-23).

우리는 새 사람이 되었기 때문에 마음속으로 선한 것을 하려고 합니다. 의와 진리와 거룩을 좇으려고 합니다. 그러나 아직도 우리 몸에 옛 사람의 성품인 죄의 영향력이 남아 있기 때문에 우리를 끌어내립니다. 그리고 종종 우리는 그것에 져서 옛 사람의 모습으로 살기도 하는 것입니다. 그래서 사도 바울은 "오호라 나는 곤고한 사람이로다"(롬 7:24)라고 고백했던 것입니다.

02 예수님은 몸의 청지기로 사셨습니다

우리가 아는 대로 예수께서 이 땅에 오신 목적은 자신을 십자가의 대속물로 드리기 위해서 입니다(막 10:45). 그런데 예수께서는 십자가에 못 박혀 돌아가시는 순간까지 자신의 몸을 철저히 관리하셨습니다. 한순간도 마귀에게 자신을 사용하도록 허락하지 않으셨고 오직 하나님의 뜻에 따라 사용하셨습니다. 구체적으로 어떻게 관리하셨을까요?

자신의 몸을 죄에게 내어주지 않았습니다

예수께서는 사람과 똑같은 육신을 입고 이 세상에서 사셨지만 한번도 죄를 범치 않으셨습니다.

> "우리에게 있는 대제사장은 우리의 연약함을 동정하지 못하실 이가 아니요 모든 일에 우리와 똑같이 시험을 받으신 이로되 죄는 없으시니라"(히 4:15).

예수께서는 성령으로 잉태가 되셨기 때문에 죄성이 없이 태어나셨습니다. 그러나 죄를 짓고 싶은 마음조차 없었던 것은 아닙니다. 일반적으로 사람들은 예수께서 나면서부터 죄가 없으셨기 때문에 죄에 대하여는 무관하신 분으로 생각하는 경향이 있습니다. 그러나 절대로 그렇지 않습니다. 만약 그것이 사실이라면 마귀가 예수님을 시험하지도 않았을 것입니다. 예수께서 마귀의 시험의 대상이 되셨다는 것은 얼마든지 예수께서 죄를 지으실 가능성이 있다는 것을 의미하는 것입니다.

자신의 몸을 하나님의 뜻대로 사용하셨습니다

예수께서는 처음부터 마지막 순간까지 자신의 뜻대로 행치 않으시고 하나님의 뜻에 따라 순종하셨습니다. 즉 요단강에서 세례를 받으시고 갈릴리를 중심으로 복음을 전파하시기 시작하여 마지막 십자가에 못 박혀 돌아가시기까지 자신의 몸을 하나님의 뜻대로 사용하셨습니다.

예수께서 얼마나 자신의 몸을 하나님의 뜻대로 사용하셨는지는 제자들과의 대화를 통해서 확인할 수 있습니다. 예수께서 수가성에서 사마리아 여인에게 전도를 하신 후 잠깐 틈이 있을 때에 제자들이 예수님께 식사를 하시도록 권하자, 예수께서 "내게는 너희가 알지 못하는 먹을 양식이 있느니라"(요 4:32)라고 하시면서 "나의 양식은 나를 보내신 이의 뜻을 행하며 그의 일을 온전히 이루는 이것이니라"(요 4:34)라고 하셨습니다. 즉 예수께서는 하루 세끼 식사보다 하나님의 뜻대로 사는 것을 더 중요하게 생각하셨습니다. 예수께서 이렇게 생각하셨기 때문에 십자가에 못 박히시는 것이 얼마나 고통스러운지를 이미 알고 계셨지만 자신의 몸을 십자가에 내어 주셨던 것입니다.

자신의 몸을 소홀히 하시지 않았습니다

우리가 알다시피 예수께서는 공생애 3년간 열심히 사역을 하셨습니다. 때로는 식사할 겨를도 없으실 정도로 바쁘셨고, 때로는 피곤하셔서 풍랑이 이는 것조차 모르시고 깊이 잠을 주무시기도 하셨습니다. 그런데 놀랍게도 사역 도중 쓰러지셨거나 병이 들어서 누우셨다는 기록이 없습니다. 예수께서 공생애 3년 동안 엄청난 사역을 하시면서 건강을 유지하셨던 비결은 무엇일까요?

첫째로, 하나님과의 관계를 잘 유지하셨기 때문입니다. 이사야 선지자는 "오직 여호와를 앙망하는 자는 새 힘을 얻으리니 독수리의 날개 치며 올라감 같을 것이요 달음박질하여도 곤비치 아니하겠고 걸어가도 피곤치 아니하리로다"(사 40:31)라고 말했는데, 이는 체력의 원천이 여호와를 앙망하는데 있음을 분명히 밝힌 것입니다. 어떻게 하나님과의 관계가 우리의 육신적인 건강에 영향을 미치는 것일까요? 인간은 분자생물학적 차원의 생명체가 아니라 창조주 하나님의 형상을 닮은 영적 존재(창 2:7; 고전 5:3)이기 때문입니다. 그래서 요한도 "사랑하는 자여 네 영혼이 잘됨 같이 네가 범사에 잘

되고 강건하기를 내가 간구하노라"(요삼 2)라고 기원한 것입니다.

둘째로, 보행으로 체력을 관리하셨기 때문입니다. 예수께서는 소위 말하는 '보행 건강학'의 대표적인 모델이십니다. 예수께서는 나귀나 말과 같은 교통수단을 이용하시지 않고 사역 내내 걸어 다니시며 만나는 사람들에게 복음을 전하셨습니다. 짧은 공생애 동안 갈릴리와 예루살렘을 오가는 천리 길 행군을 여러 번 하셨습니다. 걷기는 건강을 유지하고 비만을 예방하며 치료하는데 가장 경제적이고 효율적인 운동입니다. 특별히 '속보'는 유산소 운동 중 가장 효과적으로 지방을 태우는 운동입니다. 힘차게 걸으면 혈액순환이 왕성해지고 혈압이 조절되며 몸 전체의 신진대사가 왕성해지고 생동감이 넘치게 됩니다. 학자들은 예수께서 하루에 20~30km를 빠른 걸음으로 여행하셨을 것으로 추정하고 있습니다. 예수께서 운동을 위해 별도의 시간을 떼어놓지 않으셨어도 늘 건강을 유지하셨던 것은 빠르게 도보여행을 하셨기 때문입니다.

셋째로, 충분히 휴식과 숙면을 취하셨기 때문입니다. 예수께서는 휴식이 건강을 유지하는데 필수요건임을 알고 계셨기에 사역을 마치시면 수시로 한적한 곳에 가셔서 휴식을 취하셨습니다. 그리고 식사할 겨를도 없이 바쁘게 사역하는 제자들에게도 잠시 쉴 것을 명령하셨습니다(막 6:31). 또한 예수께서는 깊은 잠이 건강에 필수요건임을 아셨기에 파도가 넘실거려 바닷물이 배에 들어와 가라앉게 되는 상황에서도 주무실 정도로 숙면을 취하셨습니다(마 8:23-27; 막 5:35-41; 눅 8:22-25). 충분한 휴식과 숙면은 바쁘게 살아가는 현대 그리스도인들에게 건강의 필수조건임을 알아야 합니다.

넷째로, 몸에 유익한 음식만을 드셨기 때문입니다. 예수께서 사셨던 지중해 연안 음식이 건강 식이요법으로 떠오르고 있습니다. 예수께서는 유대인의 전통에 따라 누룩 없는 빵, 불에 구운 생선, 조리된 지중해 음식을 드셨습니다. 주로 통곡으로 빚은 빵을 드셨는데 이것은 우리 몸에 필요한 탄수화물과 불포화지방, 각종 무기질과 비타민이 많이 들어있는 식품입니다.

다섯째로, 곧바로 스트레스를 해소하셨기 때문입니다. 각종 스트레스는 건강에 치명적인 영향을 미칩니다. 스트레스를 제 때에 해소하지 않아 우울증과 같은 정신적 장애를 갖고 사는 자들이 부지기수입니다. 예수께서는 어느 누구보다 스트레스를 많이 받으셨지만 모든 염려를 하나님께 맡기고 날마다 부르짖는 기도를 통하여 그 날의 스트레스는 그 날에 해소하셨습니다(참조, 마 6:34).

03 우리는 몸을 어떻게 관리해야 하나요?

예수께서 값을 주고 우리의 몸을 사셨기 때문에 더 이상 우리의 몸은 자신의 것이 아닙니다. 따라서 하나님의 뜻에 맞게 우리의 몸을 사용해야 합니다. 우리의 몸을 하나님의 뜻대로 사용한다는 것은 모든 행실에 거룩한 자가 된다는 뜻입니다(벧전 1:15). 하나님 아버지께서 거룩하시기 때문에 그의 자녀인 우리도 거룩하게 살아가야 합니다(벧전 1:16). 어떻게 하면 그렇게 살 수 있을까요?

자신의 몸이 얼마나 귀한지를 알아야 합니다

예수님을 믿으면 성령께서 우리 안에 거하시기 때문에 우리의 몸은 성령께서 거하시는 하나님의 성전이 됩니다. 그래서 성경은 "너희는 너희가 하나님의 성전인 것과 하나님의 성령이 너희 안에 계시는 것을 알지 못하느냐"(고전 3:16)라고 말씀하고 있습니다. 우리의 몸이 하나님께서 친히 거하시는 성전이 되었다는 말은 우리가 매우 가치 있는 존재가 되었다는 뜻입니다. 당신은 하나님의 성전인 자신의 몸값이 얼마나 되는지 생각해보셨습니까? 역사적으로 성전에는 솔로몬이 지은 솔로몬 성전, 스룹바벨이 지은 스룹바벨 성전, 헤롯이 지은 헤롯 성전이 있었습니다. 필자는 성전이 하나님의 임재를 상징하는 곳이기 때문에 솔로몬 성전을 짓는데 든 비용을 계산하면 자신의 몸값이 얼마나 되는지를 알 수 있을 것이라고 생각하여 성전 건축에 든 비용이 얼마나 되는지를 알아보려고 한 적이 있었습니다.

그런데 저보다도 먼저 이를 연구한 학자가 있는데, 그는 솔로몬 성전을 짓는데 세계 1차 대전을 치른 비용과 맞먹는 3,300억불이 들었다고 주장하고 있습니다. 환율에 따라 다르겠지만 계산하기 쉽게 1달러 당 1,000원으로 계산하더라도 우리의 몸값은 330조원이나 됩니다. 어디 우리 몸값이 330조만 되겠습니까? 하나님께서 자신과 바꾸실 정도로 엄청나게 존귀한 자들입니다.

사람은 무엇이든지 가치를 높이 평가하는 만큼 소중하게 다룹니다. 소위 유명 연예인이나 대기업 CEO들이 자신의 몸을 관리하기 위해 막대한 돈을 투자하는 것은 자신의 몸값이 그만큼 비싸다고 생각하기 때문입니다. 그리스도인은 왕 같은 제사장으로 이 세상의 그 어떤 사람보다도 가치가 있고 소중한 사람입니다. 따라서 자신의 가치를 알고 자신의 몸을 관리하는 일에 좀 더 깊은 관심을 가져야 합니다.

몸으로 하나님께 영광을 돌려야 합니다

우리의 몸은 이토록 소중하기 때문에 가장 가치 있는 일에 사용되어져야 합니다. 우리의 몸을 가장 가치 있게 사용하는 유일한 길은 하나님께 영광을 돌리는 것입니다.

> "너희 몸은 너희가 하나님께로부터 받은 바 너희 가운데 계신 성령의 전인 줄을 알지 못하느냐 너희는 너희 자신의 것이 아니라 값으로 산 것이 되었으니 그런즉 너희 몸으로 하나님께 영광을 돌리라"(고전 6:19-20).

그렇습니다. 하나님께 영광을 돌리는 것은 우리의 몸을 가장 가치 있게 사용하는 것입니다. 그런데 어떻게 하면 우리의 몸으로 하나님께 영광을 돌릴 수 있을까요? 하나님께서 우리를 통하여 찬송을 받으시기 위해 창조하셨기 때문에(사 43:21), 하나님께 영광을 돌리는 최고의 방법은 예배입니다. 그런데 하나님께서 모든 예배를 통하여 영광을 받으시는 것이 아닙니다. 하나님을 기쁘시게 하는 예배만 받으십니다. 어떻게 하면 하나님께서 받으시는 예배를 드릴 수 있을까요?

> "그러므로 형제들아 내가 하나님의 모든 자비하심으로 너희를 권하노니 너희 몸을 하나님이 기뻐하시는 거룩한 산 제물로 드리라 이는 너희가 드릴 영적 예배니라"(롬 12:1).

'너희 몸을 하나님이 기뻐하시는 산 제물로 드리라'는 말은 '삶으로 하나님께 예배를 드리라'는 뜻입니다. 즉 삶이 예배가 되게 하라는 것입니다. 물론 우리가 매 주일 교회에서 드리는 예배를 통해서도 하나님께서는 영광을 받으십니다. 그러나 그보다는 삶으로 하나님을 높여 드리는 삶을 살아야 합니다. 하나님께서는 매주일 교회에서 드리는 예배보다 삶속에서 행위로 드리는 예배에 더 깊은 관심을 가지고 계십니다. 세상에 나가서는 온갖 죄를 지으면서 교회에서는 거룩한 척 예배를 드리는 것은 하나님께 영광을 돌리기는커녕 가증스러운 일임을 알아야 합니다(잠 28:9).

죄와의 전쟁을 선포해야 합니다

예수님을 영접했다는 것은 마귀의 자녀에서 하나님의 자녀가 되었다는 것을 뜻하지만, 다른 한 편으로는 죄와의 싸움이 시작되었다는 것을 의미합니다. 우리가 하나님의 자녀가 되었지만, 마귀는 우리로 하여금 죄를 짓도록 하여 실제로는 마귀의 자녀처럼 살게 하려고 공격하고 있습니다. 우리는 이러한 마귀의 계략을 알고 죄와의 전쟁을 선포하고 마귀의 시험을 물리쳐야 합니다. 모든 일에는 성공의 비결이 있듯이 죄를 이기는데도 비결이 있습니다.

첫째로, 죄에 대하여 이미 자신이 죽었다는 사실을 믿어야 합니다. 예수님을 영접하는 순간 예수 그리스도와 연합한 자가 되기 때문에 예수께서 십자가에 못 박히셨을 때에 이미 우리도 예수님과 함께 십자가에 못 박힌 것입니다. 그래서 성경은 "그럴 수 없느니라 죄에 대하여 죽은 우리가 어찌 그 가운데 더 살리요 무릇 그리스도 예수와 합하여 세례를 받은 우리는 그의 죽으심과 합하여 세례를 받은 줄을 알지 못하느냐 그러므로 우리가 그의 죽으심과 합하여 세례를 받음으로 그와 함께 장사되었나니"(롬 6:2-4)라고 말씀하고 있는 것입니다. 그런데 왜 우리가 여전히 죄를 짓고 있는 것일까요? 그것은 예수와 함께 십자가에 못 박혀 죽은 것을 온전히 믿지 않기 때문입니다. 우리는 자신을 죄에 대하여 죽은 자로 생각해야 합니다(롬 6:11).

둘째로, 자신을 의인으로 인식해야 합니다. 사람은 자신을 인식한 대로 행동하는 존재이기 때문에 우리가 비록 죄 가운데 살지만 하나님께서 의의 옷을 입혀주시고 의롭다고 불러주시는 것입니다. 혹 죄를 범해도 자신은 어쩔 수 없다고 주저앉거나 포기하면 안 됩니다. 자신이 의인이라고 생각하고 죄에서 벗어나야 합니다. 전과자가 또 죄를 범하는 것은 자신을 이미 망가졌다고 생각하기 때문입니다. 자신을 의인이라 생각하는 사람만이 자신을 의의 병기로 하나님께 드릴 수 있습니다(롬 6:13).

셋째로, 날마다 죽는 것을 연습해야 합니다. 우리가 무덤에 갈 때까지 죄의 유혹은 멈추지 않기 때문에 죄를 이기기 위해서는 날마다 죽어야 합니다. 연습과 완성도는 비례합니다. 사도 바울이 날마다 찾아오는 죄의 유혹을 이길 수 있었던 것은 날마다 죽는 것을 연습했기 때문입니다. "형제들아 내가 그리스도 예수 우리 주 안에서 가진 바 너희에 대한 나의 자랑을 두고 단언하노니 나는 날마다 죽노라"(고전 15:31).

넷째로, 은혜가 왕 노릇하게 해야 합니다. 아무리 비가 많이 와도 비가 온 것보다 더 높은 곳에 있으면 안전하듯이, 이 세상이 죄악으로 가득 차 있어도 풍성한 은혜를 받으면 죄를 이길 수 있습니다. 즉 죄로 인한 쾌락보다 은혜로 인한 기쁨을 맛보아야 합니다.

모세가 바로의 공주의 아들이라 칭함을 거절하고 이스라엘 백성들과 함께 고난을 당하였던 것은 장차 받을 상이 현재의 고난보다 크다는 것을 알고 있었기 때문입니다(히 11:25-26). 바울도 복음을 전하면서 고통을 당했지만 늘 승리할 수 있었던 것은 지금의 고난이 장차 받을 영광과는 비교되지 않는다는 것을 알고 있었기 때문입니다(롬 8:18).

건강관리에 주의해야 합니다

예수께서는 모든 사람들이 건강하게 살기를 원하십니다(요삼 2). 그래서 이 세상에 계실 때에 친히 병든 자와 귀신들린 자를 고쳐주셨고, 제자들에게 은사를 주셔서 그 사역을 계속하도록 위임을 하셨습니다. 그러나 건강한 삶을 살기 위해서는 본인 스스로 노력을 해야 합니다. 하나님께서는 심은 대로 거두게 하시기 때문에 건강한 삶을 살기 원한다면 자신의 몸을 잘 관리해야 합니다.

혹 주님의 일을 열심히 하면 하나님께서 자신을 책임져주실 것으로 믿고 건강관리에 소홀히 하고 있지는 않습니까? 저 역시 그렇게 했던 사람 중의 하나입니다. 그러나 구원은 하나님의 은혜로 받지만 몸을 건강하게 유지하기 위해서는 자기 스스로 힘써 노력해야 합니다. 우리에게는 자신의 몸을 관리해야 할 책임이 있습니다.

저는 금년 초 건강보험공단에서 실시하는 건강검진을 받고 나서 깜짝 놀랐습니다. 지방간과 콜레스트롤 수치가 정상치보다 높았고, 고지혈증이 있다는 판정을 받았습니다. 그동안 건강관리를 하지 않은 것을 회개하고 몸을 건강하게 하는 일에 관심을 갖고 집중적으로 노력했습니다. 하루에 2,000번씩 제자리 뛰기를 하고 식사량을 줄이는 등 건강관리에 신경을 썼습니다. 그 결과 서너 달 만에 모든 수치가 정상으로 돌아왔고, 하는 일에 비해 별로 피곤을 느끼지 않고 살아가고 있습니다.

건강을 관리하는 최고의 방법은 좋은 습관을 가지는 것입니다. "생각은 행동을 낳고, 행동은 습관을 낳고, 습관은 운명을 낳는다"는 말이 있듯이, 좋은 습관은 건강에 큰 도움이 됩니다. 예들 들면, 꾸준히 운동을 하거나, 취침 3시간 전에는 음식물을 섭취하지 않기나, 하루 세 번 치아를 닦거나, 순간순간 스트레스를 풀거나, 술과 담배를 하지 않는 습관을 가지면 자신의 몸을 건강하게 관리할 수 있습니다.

4장

은사와 재능의 청지기로 살아가야 합니다

01 은사와 재능을 이해하라

거듭난 그리스도인은 주님의 몸 된 교회를 섬겨야 합니다. 그런데 어떻게 섬겨야 할까요? 하나님께서 주신 은사와 재능으로 봉사해야 합니다. "각각 은사를 받은 대로 하나님의 여러 가지 은혜를 맡은 선한 청지기같이 서로 봉사하라"(벧전 4:10). 성령께서 구원받은 그리스도인들에게 한 사람도 예외 없이 은사를 주시기 때문에(고전 12:4-5), 모든 그리스도인은 재능뿐 아니라 은사로 봉사해야 합니다.

은사와 재능의 차이점

은사와 재능은 어떤 차이점이 있을까요? 넓은 의미에서 은사나 재능은 하나님의 선물이라는 점에서는 같습니다. 그런데 엄밀히 살펴보면 차이가 있습니다. 재능은 창조주 하나님께서 각 사람에게 부여하신 다른 사람과는 구별되는 특별히 발달된 기능을 말하고, 영적인 은사는 예수 그리스도를 믿고 거듭난 그리스도인에게 성령께서 교회를 섬기도록 값없이 주시는 영적인 능력을 가리킵니다. 즉 재능은 그리스도인이든 아니든 상관없이 누구나 가지고 있는 데 반하여, 은사는 예수 그리스도를 믿는 자에게만 성령께서 부어주시는 영적인 능력입니다.

따라서 성악을 전공한 사람이 성가대에서 찬양으로 섬기든지, 교직에 몸담고 있는 사람이 주일학교 교사로 봉사하든지, 꽃꽂이 강사가 예배당의 꽃꽂이 봉사를 한다든지, 요리를 잘하는 사람이 교회의 주방 일에 봉사를 한다든지, 운전을 잘 하는 사람이 차량봉사를 한다든지 하는 것은 영적인 은사로 하는 것이 아니라 재능으로 봉사하는 것입니다. 모든 그리스도인에게는 성령께서 교회를 섬기도록 한 가지 이상의 은사를 주셨기 때문에 재능뿐만 아니라 성령께서 주신 은사로 섬겨야 합니다.

은사와 재능의 공통점

살펴본 대로 은사와 재능은 서로 다르지만 또한 공통점을 갖고 있습니다.

첫째로, 재능과 은사 모두 하나님께서 값없이 주시는 선물이라는 것입니다. 따라서 아무리 탁월한 재능과 영적인 은사를 가지고 있더라도 교만해서는 안 됩니다. 그래서 바울은 "하나님의 성령으로 봉사하며 그리스도 예수로 자랑하고 육체를 신뢰하지 아니하는 우리가 곧 할례파라(빌 3:3)"라고 말한 것입니다.

둘째로, 개인의 수고와 노력으로 재능과 은사를 발전시킬 수 있습니다. 재능이나 은사나 모두 하나님께서 주시는 선물이지만 개인이 노력을 하면 더 낫게 발전시킬 수 있습니다. 예를 들어, 방언 은사의 경우 대부분 처음에는 "따따따따, 랄랄랄라"라고 하지만, 나중에는 마치 외국어를 말하는 것처럼 유능하게 하는 경우를 종종 볼 수 있습니다.

예수께서도 달란트 비유를 통하여 우리가 받은 재능을 잘 활용해야 함을(마 25:14-30) 말씀하셨을 뿐 아니라, 사도 바울 역시 받은 은사에 만족하지 말고 더욱 큰 은사를 사모하라고 권면하고 있습니다(고전 12:31). 따라서 그리스도인은 하나님께서 주신 재능과 은사가 무엇인지를 발견해야 할 뿐만 아니라, 그것을 발전시키기 위해 노력해야 합니다.

은사와 재능은 불공평한가?

하나님께서 모든 사람에게 하루 24시간을 똑같이 주시지만 재능과 은사는 사람마다 다르게 주십니다. 어떤 사람에게는 다섯 달란트를, 어떤 사람에게는 두 달란트를, 어떤 사람에게는 한 달란트를 주십니다. 즉 우리가 어떤 재능과 은사를 어느 정도로 받느냐는 것은 전적으로 하나님의 뜻에 달려 있습니다. 하나님께서 많이 주시면 많이 받고 적게 주시면 적게 받을 수밖에 없습니다.

우리는 이런 사실을 '아마데우스' 라는 영화를 통하여 엿볼 수 있습니다. 이 영화는 오스트리아의 작곡가로 짧은 생애를 살았지만 전 장르에 걸친 걸작을 작곡하여 '음악의 신동' 이라 불리웠던 모차르트의 35년 생애 중 주로 후반 10년간의 사건을 극화한 작품입니다. 영화 내내 모차르트와 그의 라이벌인 궁정 작곡가 살리에르와의 갈등을 잘 그리고 있는데, 살리에르가 하나님께서 모차르트에게는 천재적인 재능을 주었고 자신에게는 범상한 재능을 주었다고 불평을 쏟아내는 장면이 매우 인상적입니다.

"난 그때부터 신을 믿지 않았소. 당신의 도구로 그런 오만 방자한 녀석을 선택하시고선, 나에겐 그것을 인정할 수밖에 없는 능력 밖에 안 줬기 때문입니다."

그런데 정말 하나님께서 은사와 재능을 불공평하게 주실까요? 겉으로만 그렇게 보일 뿐, 결코 그렇지 않습니다. 하나님께서 각 사람에게 다르게 은사와 재능을 주시지만 공평하게 주신다는 사실을 알아야 합니다. 우리는 다음의 말씀을 통하여 이러한 사실을 확인할 수 있습니다.

"주인의 뜻을 알고도 준비하지 아니하고 그 뜻대로 행하지 아니한 종은 많이 맞을 것이요 알지 못하고 맞을 일을 행한 종은 적게 맞으리라 무릇 많이 받은 자에게는 많이 요구할 것이요 많이 맡은 자에게는 많이 달라 할 것이니라"(눅 12:47-48).

무슨 말입니까? 하나님께서 은사와 재능을 많이 주신 자에게는 많이 요구하시고, 적게 주신 자에게는 적게 요구하신다는 것입니다. 즉 받은 것만 가지고 많이 받았다 적게 받았다 하면 안 된다는 것입니다. 하나님께서 주신 만큼 다시 돌려드려야 하기 때문에 많이 받았다고 많은 것이 아니고 적게 받았다고 적은 것이 아닙니다.

따라서 받은 은사와 재능만 가지고 다른 사람과 비교해서 적게 받았다고 불평하거나 많이 받았다고 자만하면 안 됩니다. 받은 것을 감사하게 생각하고 청지기 사명을 온전히 감당하여 받은 것보다 더 많이 하나님께 돌려드리기 위해 노력해야 합니다.

02 예수님은 은사와 재능의 청지기로 사셨습니다

예수께서는 하나님께서 주신 은사와 재능으로 사역을 하셨기 때문에 우리도 예수님을 본받아 하나님께서 주신 은사와 재능으로 사역을 해야 합니다. 그러기 위해서는 우선적으로 예수께서 어떻게 은사와 재능을 이해하시고 사용하셨는지를 살펴보아야 합니다.

자신을 은사(재능)의 청지기로 인식하셨습니다

예수께서는 은사(재능)의 주인은 하나님이시고, 자신은 청지기에 불과하다는 사실을 알고 계셨습니다. 예수께서 12세가 되셨을 때에 이스라엘의 3대 절기 중의 하나인 유월절을 맞이하여 부모님과 함께 예루살렘에 올라가셨습니다. 절기 행사를 마친 후 예수님의 부모님은 집으로 돌아갔지만 예수께서는 예루살렘 성전에서 랍비들과 토론을 하셨습니다.

나중에 이런 사실을 알게 된 요셉과 마리아는 예루살렘으로 되돌아가서 예수님을 만나 "아이야 어찌하여 우리에게 이렇게 하였느냐 보라 네 아버지와 내가 근심하여 너를 찾았노라"(눅 2:48)고 했습니다. 그러자 예수께서는 "어찌하여 나를 찾으셨나이까 내가 내 아버지 집에 있어야 될 줄을 알지 못하셨나이까"(눅 2:49)라고 대답하셨습니다. 즉 예수께서는 자신이 받은 영적 은사가 무엇인지를 알고 계셨을 뿐만 아니라, 그 은사를 어떻게 해야 할지를 정확히 알고 계셨던 것입니다.

사람마다 은사(재능)가 다름을 인정하셨습니다

　예수께서 '달란트' 비유에서 달란트를 받은 사람을 세 사람, 즉 다섯 달란트 받은 사람, 두 달란트 받은 사람, 한 달란트 받은 사람으로 말씀하신 것은 각 사람마다 받은 은사(재능)가 다르다는 것을 알고 계셨다는 의미입니다. 또한 '은 열 므나' 비유에서 주인이 종들에게 므나를 줄 때에 열 개, 다섯 개, 한 개를 주었다고 말씀하신 것, 역시 사람마다 받은 은사(재능)가 다르다는 것을 알고 계셨다는 것을 증명하는 것입니다.

　만일 예수께서 모든 사람이 하나님께로부터 똑같은 은사(재능)를 받는 것으로 알고 계셨더라면 '달란트' 비유와 '은 열 므나' 비유에서 세 사람 모두에게 똑같은 '달란트'와 '므나'를 주었다고 말씀하셨을 것입니다. 그런데 각각 은사(재능)를 다르게 주신다는 것을 알고 계셨기에 각각 다르게 주었다고 말씀하셨던 것입니다.

　또한 예수께서 세 사람 중 하나라도 '달란트'와 '므나'를 받지 않은 종이 없다고 말씀하신 것은 하나님께서 누구에게나 한 가지 이상의 은사(재능)를 주신다는 사실을 알고 계셨다는 것입니다.

자신의 은사(재능)를 온전히 사용하셨습니다

예수께서 청지기로 온전히 살아가신 모습은 히브리서에 구체적으로 기록되어 있습니다.

> "그러므로 그가 범사에 형제들과 같이 되심이 마땅하도다 이는 하나님의 일에 자비하고 신실한 대제사장이 되어 백성의 죄를 속량하려 하심이라"(히 2:17).
> "그리스도는 하나님의 집을 맡은 아들로서 그와 같이 하셨으니 우리가 소망의 확신과 자랑을 끝까지 굳게 잡고 있으면 우리는 그의 집이라"(히 3:6).

대제사장직은 직임의 은사입니다. 따라서 예수께서 대제사장으로 백성의 죄를 속량하신 것은 은사의 청지기로 충성하셨다는 것을 의미하는 것입니다. 또한 그리스도도 직임의 은사인데 이 은사로 하나님의 집(교회)에 신실하셨다는 것은 예수께서 은사의 청지기로서의 삶을 온전히 살아가셨음을 보여주는 것입니다.

예수께서는 어려서부터 아버지 요셉의 밑에서 목수로서 재능을 익히고 있었지만, 12세가 되시자 자신 안에 대제사장과 그리스도라는 직임의 은사가 있는 것을 발견하시고 준비하시다가, 때가 이르매 인류를 대속하기 위하여 자신을 희생 제물로 드리신 것입니다. 예수께서는 은사의 발견 및 계발뿐만 아니라, 은사의 청지기로 사셨습니다.

03 우리는 은사와 재능을 어떻게 사용해야 하나요?

모든 그리스도인은 한 가지 이상의 은사를 받았습니다. 문제는 받은 은사(재능)를 어떻게 사용해야 하느냐 입니다. 우리가 아무리 대단한 은사(재능)를 받았을지라도, 그것을 올바로 사용하지 못하면 사역의 열매를 온전히 맺을 수 없고 마지막 날에 심판을 피할 수 없습니다. 어떻게 하면 예수님처럼 영적인 은사들을 사용할 수 있을까요?

은사(재능)의 주인이 성령님이심을 알아야 합니다

모든 은사는 성령께서 주시기 때문에 은사의 주인은 성령님이십니다.

> "어떤 사람에게는 성령으로 말미암아 지혜의 말씀을, 어떤 사람에게는 같은 성령을 따라 지식의 말씀을, 다른 사람에게는 같은 성령으로 믿음을, 어떤 사람에게는 한 성령으로 병 고치는 은사를, 어떤 사람에게는 능력 행함을, 어떤 사람에게는 예언함을, 어떤 사람에게는 영들 분별함을, 다른 사람에게는 각종 방언 말함을, 어떤 사람에게는 방언들 통역함을 주시나니 이 모든 일은 같은 한 성령이 행하사 그의 뜻대로 각 사람에게 나누어 주시는 것이니라"(고전 12:8-11).

위와 같이 은사가 다양하지만 모두 한 성령께서 주시는 것입니다. 결코 은사는 인간이 스스로 만들거나 독창적으로 개발하는 것이 아닙니다. 은사의 주인은 성령님이시고 우리는 그것을 관리하는 청지기에 불과하기 때문에 항상 성령님의 뜻대로 은사를 사용해야 합니다.

그런데 은사를 한 번 받으면 성령께서 일마다 간섭하시지 않아도 은사로서의 역할을 하기 때문에 성령께 묻지 않고 자기 마음대로 사용하는 사람들이 많이 있습니다. 그러나 성령님께 묻지 않고 자기 마음대로 사용하면 하나님을 기쁘시게 할 수 없고 하나님의 심판을 받을 수밖에 없습니다. 우리는 주변에서 성령의 은사를 하나님의 뜻대로 사용하지 않고 자기의 뜻대로 사용하다가 비참하게 최후를 맞이한 사람들의 이야기를 심심치 않게 듣고 있습니다. 그들을 거울삼아 두렵고 떨리는 마음으로 성령의 은사를 사용해야 합니다. 당신은 성령께서 주신 은사들을 주님의 뜻대로 사용하고 있습니까?

성령께서 은사를 주신 이유를 분명히 알아야 합니다

성령께서 왜 모든 사람에게 은사를 주시는 것일까요? 성경은 그 이유를 분명히 말씀하고 있습니다.

"각 사람에게 성령을 나타내심은 유익하게 하려 하심이라"(고전 12:7).

그렇습니다. 성령께서 모든 성도들에게 예외 없이 은사를 주시는 것은 유익을 위해서 입니다. 그런데 문제는 누구의 유익이냐는 것입니다. 모든 성도는 그리스도의 몸이고 지체의 각 부분이기 때문에(고전 12:27) 성령께서 모든 성도에게 성령의 은사를 주심으로 교회를 섬기게 하십니다. 즉 성령의 은사를 우리에게 주시는 것은 성도 개인의 유익을 위해서가 아니라, 교회의 유익을 위해서 입니다.

그런데 우리의 현실은 어떻습니까? 은사를 교회의 유익을 위해서가 아니라 개인의 사사로운 용도로 사용하는 경우가 비일비재합니다. 특별히 예언의 은사를 공동체의 유익을 위하여 사용해야 하는데, 마치 점술가처럼 개인의 길흉화복을 점치는데 사용하고 있습니다. 각종 은사는 교회의 덕을 세우도록 성령께서 주시는 선물임을 알고 사사로운 유익을 위해 사용하고 싶은 유혹을 물리쳐야 합니다(고전 14:12).

은사(재능)에는 위험성이 있음을 알아야 합니다

은사와 재능은 모두 하나님께서 인간에게 주시는 특별한 선물이지만, 그것들은 자신과 다른 사람을 구분 짓게 하는 독특성을 가지고 있습니다. 그런데 이 독특성이 자칫 우리를 교만의 덫에 걸리게 할 수 있습니다. 사람은 누구나 칭찬을 받게 되면 마음이 우쭐해지고 교만해지게 마련입니다. 특별히 다른 사람보다 더 뛰어난 재능과 은사를 받은 경우는 그렇게 될 확률이 훨씬 더 높습니다. 높은 지위와 영광을 얻었지만 교만 때문에 하루아침에 넘어진 사람이 부지기수입니다('교만'에 대해서 좀 더 알고 싶은 분은 필자의 저서 '성공의 적, 교만'을 참고하기 바랍니다). 아름답게 지음을 받은 천사가 타락한 것도(사 14:12-13), 지상낙원에서 가장 행복하게 살던 아담과 하와가 넘어진 것도 그들이 받은 재능과 은사가 대단하여 교만했기 때문이었음을 알아야 합니다.

특별히 그리스도인은 비 그리스도인이 가질 수 없는 영적인 은사까지 받았기 때문에 더욱 더 교만으로 넘어질 위험성이 크다는 것을 알고 겸손한 자세로 은사를 사용해야 합니다. 교만으로 쓰러진 뼈아픈 경험을 했던 사도 베드로는 이렇게 권면하고 있습니다.

> "각각 은사를 받은 대로 하나님의 여러 가지 은혜를 맡은 선한 청지기같이 서로 봉사하라"(벧전 4:10).

은사(재능)를 적극적으로 활용해야 합니다

은사(재능)를 받은 자는 마지막 날에 하나님 앞에서 심판을 받아야 합니다. 혹자는 칭찬을 받지만 혹자는 책망을 받게 될 것입니다. 우리는 달란트 비유(마 25:14-30)를 통하여 어떻게 받은 은사를 활용해야 상을 받을 수 있는지를 깨달아야 합니다.

'달란트' 비유에는 모두 세 사람 즉 다섯 달란트를 받은 사람, 두 달란트를 받은 사람, 한 달란트를 받은 사람이 등장하고 있습니다. 그런데 다섯 달란트를 받아서 다섯 달란트를 남긴 사람과 두 달란트를 받아서 두 달란트를 남긴 사람은 똑같이 "잘하였도다 착하고 충성된 종"이라고 칭찬을 받았지만, 한 달란트를 받아서 한 달란트를 그대로 주인에게 준 자는 "악하고 게으른 종"이라고 책망을 받았습니다.

이 달란트 비유를 통하여 무엇을 깨달을 수 있습니까? 한 마디로 은사(재능)를 많이 받고 적게 받고는 상급과 상관이 없다는 것입니다. 즉 상을 결정하는 것은 받은 은사(재능)가 아니라, 받은 은사(재능)를 가지고 얼마나 충성했느냐에 달려 있다는 것입니다. 따라서 받은 은사에 만족하지 말고 받은 은사를 어떻게 활용하여 칭찬을 받을지에 관심을 가져야 합니다.

그런데 달란트 비유를 통해 볼 때에 우리의 모습은 어떻습니까? 크게 두 가지 점에서 잘못을 범하고 있습니다.

첫째로, 자신이 받은 은사(재능)에 감사하지 못하고 다른 사람과 비교하여 우월감 또는 열등감에 빠져있는 경우가 허다합니다. 그러나 은사는 비교의 대상이 아닙니다. 하나님을 잘 섬기기 위한 도구에 불과한 것입니다. 꼭 다른 사람과 비교하고 싶다면 받은 것만 비교하지 말고, 하나님께 드려야 할 것도 비교해야 합니다. 받은 것만을 가지고 비교하기 때문에 열등감과 우월감에 사로잡히는 것입니다. 은사를 얼마나 받았느냐는 것은 전혀 중요하지 않습니다. 하나님께서 주신 은사의 범위 안에서 섬기기만 하면 되는 것입니다.

둘째로, 자신이 받은 은사(재능)를 적극적으로 활용하고 있지 않습니다. 한 마디로 은사(재능) 사용에 게으른 그리스도인이 많습니다. 돈을 버는 일에는 부여받은 재능을 적극적으로 활용하지만, 하나님을 위해서는 이 핑계 저 핑계대고 사용하지를 않습니다. 그러나 게으른 종에게 하나님의 심판이 있음을 알아야 합니다.

우리는 이미 한 가지 이상의 은사(재능)를 받은 자들입니다. 다른 사람과 비교하는 데 마음과 시간을 빼앗기지 말고 받은 은사에 감사하여 죽도록 충성하여 "잘하였도다 착하고 충성된 종아 네가 적은 일에 충성하였으매 내가 많은 것을 네게 맡기리니 네 주인의 즐거움에 참여할지어다"(마 25:21)라는 칭찬을 들어야 합니다.

여동생(전순흥, 안창애/ GMP대만선교사)으로부터 같은 소속 선교단체(GMP)에서 선교사들의 부모님을 돌보는 사역(MP)을 하고 있는 Y선교사님에 대한 이야기를 전해 듣고, 모든 그리스도인이 본받아야 할 분이라는 생각이 들어 잠깐 소개를 해드리고자 합니다.

Y선교사님은 어려서부터 교회를 다녔지만 개인적으로 주님을 만

난 경험이 없었습니다. 그래서 머리로는 구원 받는 방법을 알고 있었지만 마음으로는 믿어지지를 않아 故김준곤(CCC 총재) 목사님께 개인적으로 편지를 보내기도 했지만 별 소용이 없었습니다.

그의 병원사업은 탄탄대로를 걷게 되어 개인병원을 개원하게 되었고 평생 돈 걱정 없이 살 정도의 재산을 모았습니다. 그러자 자신도 모르게 교만해지자 하나님께서 그를 징계하셨습니다. 그런데 그 징계를 통하여 죽기 살기로 성경을 읽게 되었고, 성경을 읽던 중 가슴으로 주님을 만나는 은혜를 입게 되었습니다. 그리고 남서울은혜교회(홍정길 목사시무)에 참석하여 신앙훈련을 받으면서 홍정길 목사님의 영향을 받아 장차 선교사가 되겠다는 서원을 하기도 하였습니다.

어느 날 성경을 읽다가 '자신이 가지고 있는 재물은 자신의 것이 아니고 주님의 것이며, 자신은 청지기에 불과하고 자신이 죽을 때 한 푼도 가지고 갈 수 없다'는 것을 깨달았는데, 마침 밀알선교회에서 장애인을 위한 재단법인을 설립하는데 10억의 현금이나 그에 상응하는 부동산이 필요하다는 말을 듣자, 즉시 대전에 있는 땅을 헌납하여 밀알복지재단이 만들어지는 데 크게 기여했고, 선교사로 나가기 3-4년 전에는 병원 건물(신축한 4층 건물)을 모두 하나님께 드려 서울의 문정동에 장애인들이 살 수 있는 거처를 마련해주었습니다. Y선교사님은 그의 모든 재산을 하나님께 드린 후 이렇게 고백했습니다.

"주님께서 주시고 주님께서 받으셨습니다. 마침내 재물이 주인을 찾아간 셈입니다."

Y선교사님은 재산을 모두 헌납한 후, 안양 나자로 마을과 음성 꽃동네를 다니며 한센씨병환자와 장애인들을 돌보았을 뿐 아니라, 아내와 함께 러시아에서 수년간 의료사역 선교사로 헌신을 하다가 건강이 좋지 못하여 귀국하여 지금은 세계 최초로 GMP소속 선교사들의 부모님을 돌아보는 MP사역을 활발하게 전개하고 있습니다.

그런데 Y선교사님 부부에게 돌아온 것은 뜻밖에도 불치병이었습니다. Y선교사님은 파킨슨병에 걸려 칫솔질도 못할 정도로 거동이 불편하여 장애 3급으로 살아가고 있고, 부인 선교사님은 4-5년 전부터 아무 이유 없이 눈꺼풀이 감기면 눈을 뜨지 못하는 장애를 안고 살아가고 있습니다.

저는 솔직히 Y선교사님이 거의 모든 재산을 하나님께 바치고, 전문선교사로 모든 것을 바쳐 헌신하였기 때문에 건강을 지켜주시고, 물질도 몇 배로 갚아주셨을 것이라고 생각했습니다. 그러나 하나님께서는 저의 예상을 뒤엎는 복을 주셨습니다. 이 세상에서 잠시 필요한 건강과 물질의 복이 아닌 영원한 복을 주신 것입니다.

Y선교사님 부부는 육체의 장애 때문에 날마다 불편한 삶을 살고 있지만 영은 날마다 하나님과 친밀하게 지내고 있습니다. 시인이

"하나님께 가까이 함이 내게 복이라"(시 73:28)라고 고백하고 있듯이, 늘 하나님과 친밀한 관계를 유지하므로 진짜 복을 받은 자로 살아가고 있습니다.

마지막 날에 주께서 재물, 시간, 몸, 은사(재능)까지 온전히 드리신 Y선교사님께 영광의 면류관을 씌우시고 왕 노릇하게 하실 것을 확신합니다. 그리스도인 가운데 Y선교사님을 본받아 시간, 물질, 몸, 은사(재능)까지 온전히 주님께 드리는 청지기들이 더욱 더 많아지기를 기도합니다.

Yes!

제 3 부

예수님의 십자가를
본받아야 합니다

예수께서 십자가에 못 박혀 돌아가심으로 우리는 죄와 사망의 법에서 완전히 해방되었습니다. 그래서 십자가가 그리스도인에게는 구원의 배지입니다. 그러나 십자가가 하나님께는 순종의 배지임을 알아야 합니다. 왜냐하면 아담 이래 어느 누구도 하나님의 뜻에 온전히 순종한 사람이 없었는데 예수께서 십자가에 못 박혀 돌아가시기까지 하나님의 뜻에 순종하셨기 때문입니다. 십자가는 순종의 마침표입니다.

예수께서는 자신을 따르는 자들에게 "누구든지 나를 따라오려거든 자기를 부인하고 자기 십자가를 지고 나를 따를 것이니라"(마 16:24)라고 말씀하셨습니다. 이 말씀은 주님을 따르기 위해서는 무엇보다도 자신의 뜻을 버리고 자기 십자가를 져야 한다는 뜻입니다.

그런데 우리의 모습은 어떻습니까? 자신을 부인하고 자기 십자가를 지는 데에는 전혀 관심이 없고, 오직 이 세상의 행복과 성공을 추구하는 데만 관심을 쏟고 있습니다. 그러나 예수님처럼 자신을 부인하고 자기 십자가를 지지 않으면 하나님의 뜻대로 살아갈 수 없습니다. 날마다 십자가에 죽고 삶속에서 십자가를 지는 자만이 그리스도의 주재권을 인정할 뿐만 아니라, 하나님 앞에서 'Yes'로 살아갈 수 있는 것입니다.

1장

십자가를 바로
알아야 합니다

01 십자가가 뭐요?

　　십자가 없는 기독교는 생각조차 할 수 없습니다. 즉 십자가는 기독교 신앙의 핵심입니다. 그런데 지금 기독교에서 십자가가 점점 사라지고 있습니다. 그리하여 교회가 본질에서 벗어나 다른 방향으로 향하고 있고 점점 생명력을 잃어가고 있습니다. 왜 이런 현상이 일어나는 것일까요? 교회가 십자가를 바로 이해하지 못하고 십자가를 지려고 하지 않기 때문입니다. 십자가를 바로 알고 십자가 위에 신앙의 터를 쌓아가야 합니다.

십자가의 유래

십자가의 유래를 살펴보면 기독교가 아닌 이방의 고대 원시종교에서도 찾아볼 수 있습니다. 학자들에 따라서 의견이 분분하지만 십자가의 최초 고안자는 고대 바벨론 종교의 창시자로 알려진 '세미라미스'라는 설이 가장 유력합니다. 세미라미스는 창세기 10장 8-9절에 등장하는 니므롯의 아내이자, 유대인의 우상으로 섬기던 이방신 담무스의 어머니였는데(겔 8:14), 세미라미스가 자신의 아들 담무스(Tammuz)를 죽은 니므롯의 환생으로 선포하며 신격화하는 과정에서 담무스에 대한 심볼로 그의 이름 첫 자를 따서 T자형 십자가를 만들어 종교적 상징으로 삼았다는 것입니다.

이 십자가가 고대 이집트에서는 영생의 상징으로서 사용되었고, 그리스에서는 아폴론 신의 십자형 홀(笏)로, 인도의 불교에서는 만자(卍)로, 힌두교에서는 오른쪽 어깨가 올라간 갈고리형 십자가로 변형되어 종교적 상징으로 사용되었습니다. 그 밖에도 고대 페르시아인, 페니키아인, 에트루리아인, 로마인, 켈트족, 멕시코, 중앙아메리카, 페루 등지에서도 십자가가 종교적 의미로 사용되어졌습니다.

한편 십자가는 잔혹한 처형도구이기도 했습니다. 역사학의 아버지인 헤로도토스는 그의 저서 '역사'에서 페르시아인들 가운데 처음으로 십자가형이 행해졌다고 주장하고 있습니다. 그리스의 알렉산더 대왕도 자신이 정복한 페르시아로부터 십자가 처형 방식을 받아들였으며 이것이 후일 헬레니즘 세계와 카르타고, 다시 로마로 전해지게 되었습니다.

그런데 로마에서는 십자가가 주로 강도, 암살자 등을 고통스럽게 처형하는 사형도구로 사용되었습니다. 당시 십자가 처형은 사람들에게 가장 치욕스럽고 부끄러운 처형 법으로 인식되었기 때문에 로마 시민에게는 적용하지 않고 오직 노예들이 죄를 범했을 때에만 이 형으로 처벌하였습니다. 그래서 예수께서도 은 30냥에 팔려 노예의 신분으로 빌라도의 법정에서 십자가형을 받으신 것입니다. 죄인들을 못 박았던 십자가는 원래 단순한 기둥 모양이었으나 로마에 전해지면서 기둥 위에 가로막대가 놓인 십자가 형태를 띠게 되었다고 합니다.

십자가와 기독교

지금은 십자가가 기독교의 가장 대표적인 상징인 것 같이 자리를 잡고 있지만, 초기 기독교 시기만 해도 그렇지 않았습니다. 기독교의 시작 후 첫 2백 년 동안 교회의 유적에서 발견되는 것은 주로 물고기(fish)나 닻(anchor) 등이지 십자가는 거의 발견되고 있지 않습니다. 십자가가 본격적으로 기독교의 대표적 상징으로 등장하기 시작한 것은 4세기 이후 로마황제 콘스탄티누스부터입니다.

콘스탄티누스가 로마의 황제 자리를 놓고 막센티우스 장군과 밀

비안 다리의 전투를 앞두고 있었을 때에 '그리스도'를 상징하는 헬라어 첫 두 글자 키(χ)와 로(ρ)로 만들어진 십자가의 환상을 보게 되는데, 그 환상 속에서 "이를 새겨서 승리하라"는 음성을 듣고 곧바로 자신과 병사들의 방패와 깃발에 이 십자가 문양을 새기고 전투를 했는데 승리를 하였습니다.

그러자 콘스탄틴대제는 십자가형의 처벌을 폐지하였고 밀라노칙령(A.D. 313년)을 반포하여 로마제국 내의 종교적 자유를 주었고, 테오도시우스 황제 때에(A.D. 395년) 기독교를 로마의 국교로 인정하자 십자가가 교회를 대표하는 상징적인 존재가 되었던 것입니다. 그러나 이때에 십자가에 부여된 의미는 오늘날과는 정 반대였습니다. 즉 '죽은 예수'가 아니라 '승리자 예수'였습니다.

그 후로 431년에는 십자가가 교회 내부에 달리기 시작했고, 586년에 이르면서 교회 꼭대기를 장식하게 되었습니다. 7세기경에는 미술품으로서 십자가 위에 예수 그리스도가 못 박혀 있는 십자고상(十字苦像, 또는 십자가상)이 만들어졌고, 9세기가 넘어서자 십자가는 그리스도의 신성을 담고 있는 성물로서 여겨지게 되었습니다.

13세기 이후에는 십자고상이 예배의 대상으로도 사용되기 시작했습니다. 십자가는 교회 내부와 외부에서 신도들의 가정으로 전해졌고, 성찬 그릇과 사제복, 왕관이나 검·방패의 장식, 목걸이, 반지 등에도 장식용이나 악마를 쫓는 의미로 사용되었습니다. 중세 후기로 접어들면서는 여러 미신적, 주술적 이해가 십자가에 덧붙여졌습니다. 심지어 공로사상과 결부되어 십자가에 입을 맞추는 행위가 구원을 위한 점수를 쌓는 행위로까지 여겨지게 되었습니다.

루터의 종교개혁 이후 십자가 이해에 대한 큰 변화가 찾아왔습니다. 그러나 같은 종교개혁자들끼리도 십자가에 대한 반응이 달랐습니다. 루터는 십자가를 예배 때 사용하거나 미신적으로 대하는 것은 금했지만, 교회나 집안의 장식용으로 사용하는 것은 문제시하지 않았습니다. 반면에 칼빈이나 쯔빙글리 등은 성물(聖物)뿐 아니라, 예수께서 십자가에 달리신 모습을 담고 있는 성상 십자가의 철폐를 주장하였습니다. 이러한 칼빈과 쯔빙글리의 영향이 청교도들에게 전해졌고, 청교도의 영향을 받은 미국의 개신교 뿐 아니라 한국 교회도 십자가 자체를 달지 않거나, 가장 단순한 모양의 십자가(Latin cross라고 칭함)만을 예배용으로 사용하고 있습니다.

십자가는 복음의 핵심

누군가 당신에게 기독교의 핵심 메시지가 무엇이냐고 묻는다면 어떻게 대답하시겠습니까? 혹자는 바르게 사는 것이라고 하고, 혹자는 가난한 이웃을 돌보는 사랑이라고 합니다. 정말 그럴까요? 단언하지만 결코 그렇지 않습니다. 물론 그것들이 기독교 메시지 중 일부분을 차지하고 있는 것은 사실입니다.

그러나 이보다 우선적이고 더 중요한 것이 있습니다. 그것은 바로 예수 그리스도의 십자가입니다. 그래서 초대교회는 예수의 십자가와 부활을 증거했고, 사도 바울 역시 가는 곳마다 십자가에 못 박혀 돌아가신 예수 그리스도를 증거했습니다.

왜 이토록 예수께서 십자가에 못 박히심이 중요한 것일까요? 그것은 한 마디로 예수의 피 흘리심이 없이는 죄 사함을 받을 수 없기 때문입니다(히 9:22). 그렇습니다. 예수께서 십자가 위에서 대속의 피를 흘리시지 않았다면 어느 누구도 죄 문제를 해결 받을 수 없습니다.

그런데 예수께서 우리가 받아야 할 저주를 친히 담당하시고 십자가에 못 박혀 돌아가시고 부활을 통하여 그것이 사실임을 증명하셨기 때문에 누구든지 이 사실을 믿기만 하면 죄 문제를 해결 받아 의인이 되는 것입니다.

이것이 바로 기독교의 핵심 메시지이고, 이것을 전하는 것이 바로 전도입니다. 사도 바울도 이러한 십자가의 비밀을 깨달았기 때문에 "내게는 우리 주 예수 그리스도의 십자가 외에 결코 자랑할 것이 없다"(갈 6:14)고 외친 것입니다.

02 십자가는 하나님의 능력입니다

　예수께서 우리의 죄를 대신하여 십자가에 못 박히셨습니다. 이것은 역사적인 사건으로 성경뿐만 아니라, 일반 역사책에도 기록되어 있습니다. 그런데 예수께서 십자가에 못 박히신 사건을 바라보는 시각은 각인각색입니다.

유대인들은 십자가를 거리낌의 대상으로 이해했습니다

　사도 바울이 십자가에 못 박히신 예수님을 전할 때에 유대인들은 거리꼈습니다.

> "우리는 십자가에 못 박힌 그리스도를 전하니 유대인에게는 거리끼는 것이요 이방인에게는 미련한 것이로되"(고전 1:23).

　왜 유대인들이 십자가에 대하여 이러한 반응을 보였을까요? 그것은 한 마디로 십자가가 저주의 상징이었기 때문입니다. "그 시체를 나무 위에 밤새도록 두지 말고 그 날에 장사하여 네 하나님 여호와께서 네게 기업으로 주시는 땅을 더럽히지 말라 나무에 달린 자는 하나님께 저주를 받았음이니라"(신 21:23).

이와 같이 유대인들은 십자가를 저주의 상징으로 생각하고 있었기 때문에 대제사장을 비롯한 유대교 종교 지도자들이 예수님을 십자가에 못 박아 죽임으로 그를 더 이상 추종하지 못하게 하였던 것입니다. 그런데 예수께서는 자신의 죄로 인한 저주로 십자가에 못 박히신 것이 아닙니다. 우리의 죄 때문에 대신 십자가에서 저주를 받으신 것입니다.

헬라인들은 십자가를 미련한 것으로 이해했습니다

바울이 헬라인들에게 십자가를 전하자 그들은 그것을 미련한 것이라고 생각했습니다.

> "우리는 십자가에 못 박힌 그리스도를 전하니 유대인에게는 거리끼는 것이요 이방인에게는 미련한 것이로되"(고전 1:23).

여기서 이방인이란 헬라인을 의미하는데 왜 헬라인들은 십자가를 미련한 것으로 생각했을까요? 헬라인들은 평소 신은 영원히 죽지 않는다고 생각하고 있었습니다. 그런데 복음전도자들이 하나님께서 인간의 몸으로 성육신하신 분이 예수님이라고 주장할 뿐 아니라, 예수께서 그들이 가장 혐오스럽게 생각하는 십자가에 못 박혀 돌아가셨다고 주장했기 때문입니다.

또한 헬라인들은 십자가형은 죽는 과정이 고통스러울 뿐 아니라, 죽은 후에도 대부분 매장을 하지 않고 그 시체가 맹수들과 시체를 뜯어 먹는 새들의 먹이로 주어졌기 때문에 십자가를 가장 굴욕과 수치의 대상으로 이해하고 있었는데, 그리스도인들이 십자가에 못 박히신 예수가 구원자라고 증거를 하면서 그분을 믿기만 하면 구원을 받는다고 주장하였기 때문입니다.

믿는 자들에게는 하나님의 능력입니다

십자가가 유대인들에게는 거리끼는 것이고, 헬라인에게는 미련하게 보이는 것이지만, 그것을 믿는 자에게는 구원을 가져다주는 하나님의 능력이 됩니다.

> "유대인은 표적을 구하고 헬라인은 지혜를 찾으나 우리는 십자가에 못 박힌 그리스도를 전하니 유대인에게는 거리끼는 것이요 이방인에게는 미련한 것이로되 오직 부르심을 받은 자들에게는 유대인이나 헬라인이나 그리스도는 하나님의 능력이요 하나님의 지혜니라"(고전 1:22-24, 참조 고전 1:18; 롬 1:16).

어떻게 십자가가 믿는 사람들에게 구원을 얻게 하는 하나님의 능력이 될까요? 모든 사람이 죄로 인하여 죽어야 마땅하지만 예수께서 대신하여 십자가에 못 박히심으로 우리가 받아야 할 저주를 친히 감당하셨는데, 누구든지 이러한 사실을 믿으면 죄 사함을 받아 구원을 받는다고 성경이 약속하고 있기 때문입니다.

그런데 타종교에서는 어떻게 해야 구원을 받을 수 있다고 가르칩니까? 자신의 힘과 노력으로 받을 수 있다고 가르칩니다. 그래서 불교에는 '피안에 이르는 8개의 길'이 있고, 이슬람교에는 '계율'이 있고, 유대교에는 '율법'이 있고, 힌두교에는 '인과응보'의 교리가 있는 것입니다.

예수께서 십자가에 못 박히신 것은 인간의 수고와 노력으로는 절대로 죄 문제를 해결 받을 수 없고 구원을 받을 수 없기 때문입니다. 죄는 오직 예수께서 우리의 죄를 대신하여 십자가에 못 박히신 것을 믿음으로만 해결될 수 있습니다. 그런데 인간의 노력이 아니라 십자가에 못 박히신 예수님을 믿음으로 구원 받는 것이 사람의 지혜에서 나오지 않고 하나님의 지혜에서 나왔기 때문에 사람들이 십자가를 어리석게 생각하고 거리끼는 것입니다. 따라서 사람들을 구원하기 위해서는 그들이 이것을 깨달을 수 있도록 찾아가서 설득해야 합니다.

"하나님의 지혜에 있어서는 이 세상이 자기 지혜로 하나님을 알지 못하므로 하나님께서 전도의 미련한 것으로 믿는 자들을 구원하시기를 기뻐하셨도다"(고전 1:21).

03 십자가에 대한 생각을 바꾸세요

십자가가 기독교의 핵심이지만 '장식용 십자가'는 기독교의 상징물이 될 수 없습니다. 성경은 어떠한 형상도 만들어서는 안 된다고 경고하고 있습니다(출 20:4-5). 초기 교회는 '장식용 십자가'를 기독교의 상징으로 생각하지도 않았습니다. 사도 바울이나 베드로 역시 십자가를 들고 다니지 않았습니다. 눈에 보이는 '장식용 십자가'에 중요한 의미를 부여해서는 안 됩니다.

십자가는 교회의 표지가 아닙니다

사람들은 흔히 교회라 하면 십자가를 연상하지만, 교회의 표지는 '말씀의 바른 선포', '성례의 정당한 시행', '권징의 신실한 시행'이지 결코 십자가가 아닙니다. 즉 어떤 교회가 바른 교회인지 아닌지를 구분하는데 십자가는 아무런 판단기준이 될 수 없습니다. 그런데 현실은 어떻습니까? '장식용 십자가'로 참된 교회와 거짓 교회를 구분하고 있습니다. 어떤 사람은 건물 밖이나 예배당에 십자가가 걸려 있지 않으면 정상적인 교회로 생각하지를 않습니다. 심지어 이단으로 생각하는 사람도 있습니다.

예를 들어, 칼빈과 쯔빙글리의 가르침에 철저한 사람들은 예배당 안에 '장식용 십자가'가 걸려 있으면 비성경적인 교회로 치부하여 교회로 인정조차 하지 않으려고 합니다. 물론 그들이 그토록 '장식용 십자가'에 대해 극도의 부정적인 반응을 보이는 데는 그만한 이유가 있습니다. 자칫 잘못하면 그것이 우상숭배를 불러올 수도 있기 때문입니다.

그러나 비본질적인 문제로 극단적인 반응을 보이는 것은 바람직하지 않습니다. 왜냐하면 비본질적인 문제로 교회의 일치와 연합에 큰 손상을 입히는 것은 주님의 뜻이 아니기 때문입니다. 또한 '장식용 십자가'는 말 그대로 장식용에 불과하기 때문입니다. 혹 예배당 안에 '장식용 십자가'가 있다고 해도 그것을 숭배의 대상으로 여기는 자는 없을 것입니다. 따라서 교회의 안팎에 걸려 있는 '장식용 십자가'로 시시비비를 가리거나 분쟁하려 하지 말고, 어떻게 하면 삶속에서 십자가의 정신으로 살아갈 것인지를 가지고 고민해야 합니다.

'장식용 십자가'에서 '고난의 십자가'로

우리는 '고난의 십자가'와 '장식용 십자가'를 혼용해서는 안 된다는 것입니다. 왜냐하면 '십자가'라는 단어는 같아도 그 의미가 전혀 다르기 때문입니다. 우리가 흔히 '기독교의 핵심은 십자가이다'라고 할 때에 그 십자가는 예수께서 우리의 죄를 대신하여 못 박히신 '고난의 십자가'를 의미합니다. 반면에 '십자가는 기독교의 상징이다'라고 할 때 그 십자가는 '장식용 십자가'를 의미합니다. 물론 '장식용 십자가'도 액세서리를 제외하고는 예수께서 십자가에 못 박히신 것을 상징하기 위해서 만들어집니다. 일반적으로 교회의 내외부에 '장식용 십자가'를 설치하는 것도 그런 이유에서입니다.

그러나 예수께서 못 박히신 '고난의 십자가'와 '장식용 십자가'는 엄격히 구분해야 합니다. 왜 그럴까요? '장식용 십자가'는 말 그대로 장식용에 불과하기 때문입니다. 십자가는 '지라'고 있는 것이지 '보라'고 있는 것이 아닙니다. 십자가를 져야 하는데 보고만 있기 때문에 기독교는 점점 약해져가고 있는 것입니다. 우리의 시선이 '장식용 십자가'에서 '고난의 십자가'로 옮겨져야 합니다.

'믿는 십자가'로 만족하지 말고

2008년 10월 14일 새벽 예배 설교 후 개인 기도를 하고 있었습니다. 수십 년간 새벽마다 늘 기도하던 대로 주님의 겸손과 온유한 마음을 본받고 거룩한 삶을 살게 해달라고 기도하던 중, 저의 죽지 못한 자아를 인하여 마음 아파하고 있었습니다. 그 때에 갑자기 저의 머릿속에 '십자가'라는 단어가 떠올랐습니다. 그러면서 십자가와 관련하여 예수께서 하신 말씀이 연거푸 생각났습니다.

"누구든지 자기 십자가를 지고 나를 좇지 않는 자도 능히 나의 제자가 되지 못하리라"(눅 14:27).

"내가 그리스도와 함께 십자가에 못 박혔나니 그런즉 이제는 내가 산 것이 아니요 오직 내 안에 그리스도께서 사신 것이라 이제 내가 육체 가운데 사는 것은 나를 사랑하사 나를 위하여 자기 몸을 버리신 하나님의 아들을 믿는 믿음 안에서 사는 것이라"(갈 2:20).

"그리스도 예수의 사람들은 육체와 함께 그 정과 욕심을 십자가에 못 박았느니라"(갈 5:24).

이 세 성경구절을 평소 암송하고 있었기 때문에 기도하면서 계속 이 말씀을 묵상하면서 저의 신앙상태를 점검해보았습니다. 그랬더니 제 안에 깊이 뿌리를 내리고 있는 십자가는 하나밖에 없음을 알 수 있었습니다. 즉 십자가에 못 박히신 예수님을 믿음으로 구원만 받았지 십자가에 죽고 십자가를 지는 삶이 부족했음을 발견한 것입니다. 예수님의 제자가 되기 위해서는 반드시 십자가에 죽고 십자가를 져야만 하는데 그것에는 별로 관심을 쏟지 않았던 것입니다.

그 후로 본격적으로 십자가에 죽고 십자가를 지는 삶을 살기로 결단하고 십자가를 연구하기 시작했습니다. 그리고 십자가에 죽고 십자가를 지는 삶이 없이는 절대로 그리스도의 주재권을 인정하는 삶을 살 수 없고, 주님의 뜻대로 살아갈 수 없음을 더욱 더 뼈저리게 깨달았습니다. 이제 우리는 '믿는 십자가'에서 머물지 말고 '지는 십자가'까지 나아가야 합니다. 예수님을 믿는다고 하지만 십자가를 지지 않으면 기복신앙으로 전락할 수밖에 없습니다.

전설에 의하면 콘스탄틴 대제의 어머니 헬레나가 현재 성묘교회 지하 굴에서 세 개의 십자가를 발견했는데, 어느 것이 예수님이 달려 돌아가신 십자가인가를 알아보기 위해서 그 하나하나에 시체를 걸어보았답니다. 혹자는 이러한 헬레나의 행동을 믿음이 좋은 것으로 높이 평가하지만 결코 그렇지 않습니다. 이것은 십자가의 의미가 무엇인지를 모르는데서 기인한 미신적 행위에 불과한 것입니다.

또한 11세기-13세기 유럽이 이슬람의 지배로부터 팔레스타인과 예루살렘을 탈환하려고 전쟁을 일으켰을 때에 원정대의 이름을 '십자군'이라고 불렀는데 이는 하나님의 뜻과 무관하게 전쟁을 하면서 '십자군'이라는 이름만 사용하면 전쟁에 이길 것이라는 주술적인 생각을 한 데서 비롯된 것입니다.

우리는 이미 예수께서 우리의 죄를 위하여 십자가에 못 박혀 돌아가시고 부활하신 사실을 믿음으로 구원을 받았습니다. 그러나 여기서만 머물러 있어서는 안 됩니다. 날마다 십자가에 죽고 십자가를 지고 주님을 따라가야 합니다. 십자가는 주문이나 장식이 아닙니다. 십자가는 삶입니다. 십자가와 무관한 삶을 살고 있다면 그는 더 이상 그리스도인이 아닙니다. 왜냐하면 그리스도인이란 그리스도를 따라가는 자를 뜻하기 때문입니다.

2장

예수께서 십자가에 못 박혀 돌아가셨습니다

01 진짜로 십자가에 못 박히셨나요?

우리는 이미 예수께서 우리의 죄를 대신하여 십자가에 못 박혀 돌아가시고 부활하신 사실, 즉 복음을 믿음으로 구원을 받았을 뿐만 아니라, 그것을 삶속에서 누리고 있기 때문에 예수께서 십자가에서 돌아가셨다는 사실에 대하여 조금도 의심을 하지 않습니다.

십자가 못 박히심을 부인하는 자들

그러나 세상에는 우리가 당연하다고 믿고 있는 사실을 마치 거짓인 것처럼 주장하는 자들이 있습니다. 헨리 링컨(Henry Lincoln)과 마이클 베이전트(Michael Baigent)와 리처드 레이(Richard

Leigh)는 그들의 공저 '성혈과 성배(The Holy Blood And The Holy Grail)'를 통하여, 댄 브라운(Dan Brown)은 '다빈치코드(Da Vinci Code)'를 통하여, 앨마 그루버(Elmar Gruber)와 홀거 케르스텐(Holger Kersten)은 '예수는 십자가에서 죽지 않았다'라는 책을 통하여, 각각 예수께서 십자가에서 돌아가신 것은 사실이 아니라고 주장하고 있습니다. 세 책의 내용을 간단히 소개하면 다음과 같습니다.

성혈과 성배 - 예수는 막달라 마리아와 결혼하여 자녀까지 두었으며 십자가에서 죽은 것이 아니라 구세주 행세를 하며 다윗 왕을 계승하여 유대의 왕이 되려다가 유대인의 반발로 인해 처형될 처지에 놓이게 되자, 예수의 처남 아리마대의 요셉을 통하여 많은 뇌물을 받은 바 있는 로마의 유대 총독 빌라도와 짜고 십자가에서 죽고 부활하는 것 같이 연극을 하고는 로마병사들의 호위 속에 프랑스로 망명을 하여 아내 막달라 마리아와 자녀들과 프랑스 골(gaul) 지방에 은둔 생활을 하다가 80세를 넘게 살다 죽었고 그 후손들이 아직도 살았다는 것입니다. 저자들은 천주교에서 예수님의 시신을 감쌌다고 주장한 '토리노 성의'(예수님의 시신을 감쌌던 것으로 전해지는 가로 1m, 세로 4m의 아마포로 십자군 전쟁 때 터키에서 발견돼 1572년부터 이탈리아 토리노 성당에 보관되어오고 있었는데 1898년 처음으로 카메라로 촬영을 하자 육안으로 보이지 않던 '예수의 형상'이 나타나 기독교인이든 비기독교인들 사이에 주목을 끌고 있음)가 거짓임을 밝힘으로 그들의 주장이 옳음을 밝히고 있습니다.

다빈치코드 – 예수는 단지 인간이었으며 십자가에 못 박혀 죽지 않았고 그냥 죽었으며 또 죽기 전에 왕족인 막달라 마리아와 결혼하였고, 마리아에게 교회(기독교와 관련된 모든 것을 포함하는 권위)를 물려주려 하자 예수의 제자들이 이를 알아채고 마리아를 질투 혹은 증오하였고 예수가 죽은 후 마리아는 임신한 몸으로 쫓기는 처지가 되었으며, 프랑스로 피난을 가서 딸을 낳았는데 그녀가 프랑스 왕조의 시조인 메로빙거 왕족과 결혼하였으며 교황청에 의해 메로빙거 왕은 암살을 당했지만 그 후손이 시온수도회에 의해 지금까지 유지되고 있다고 주장하고 있습니다.

예수는 십자가에서 죽지 않았다 – 저자들은 '토리노 성의'에 묻은 씨앗들이 약 2000년 전 예루살렘 근처에서 자라던 식물들이라는 점과 성의의 천의 직조 방식이 당시의 방식과 일치하고 성의에 남은 핏자국들이 성경에 묘사된 예수의 상처와 일치하며 성의에 묻은 피를 과학적으로 분석한 결과, 성의에 싸였던 남자가 살아 있는 상태였다는 점을 근거로 예수님은 십자가에서 죽지 않았다고 주장하고 있습니다. 즉 예수님은 십자가에서 죽지 않고 마취된 상태로 내려졌으며, 동굴 무덤으로 옮겨진 예수는 치료를 받고 긴 아마포에 싸였다가 회복되어 동굴 밖으로 나가 막달라 마리아와 제자들 앞에 모습을 드러냈다고 주장하고 있습니다.

그런데 세 권의 책이 이름만 다르지 공통적으로 주장하는 핵심은 한 가지입니다. "예수는 십자가에 못 박혀 죽지 않았다." 왜 그들이 이런 주장을 하는 것일까요? 가장 큰 이유는 사탄의 계략이 있기 때문입니다. 구원은 예수께서 십자가에 못 박혀 돌아가시고 부활하신 사실을 믿음으로 받습니다. 마귀는 이 사실을 너무나 잘 알고 있기 때문에 이것을 믿지 못하도록 하기 위해서 배후에서 예수께서 십자가에 돌아가신 것이 아니라고 주장을 하도록 조종하는 것입니다.

그러나 우리가 이 문제를 단순히 영적인 차원으로 접근하여 사탄의 역사로만 간주해서는 안 됩니다. 다른 차원으로도 살펴볼 필요가 있는데, 한 마디로 우리의 삶이 예수 그리스도의 가르침과 너무 거리가 멀기 때문입니다. 기독교 역사를 보면 교회(구교와 개신교)가 잘못한 것이 너무나 많습니다. 그래서 세상 사람들은 교회를 악과 거짓을 일삼는 단체로 생각하고 교회가 주장하는 교리의 핵심인 예수의 십자가와 부활을 부인하여 기독교를 무너뜨리려고 하는 것입니다. 따라서 안티그리스도인들이 이런 주장을 할 때에 영적으로 대처할 뿐 아니라, 겸허히 우리 자신을 돌아보는 기회로 삼아야 하는 것입니다.

무엇이 진실일까요?

세 책의 저자들은 예수께서 십자가에 못 박히시지 않았다고 주장하기 위하여 주로 과학적 분석에 근거를 두고 있습니다. 그런데 과연 과학적 분석을 100% 신뢰할 수 있느냐는 것입니다. 예를 들어, '성배와 성혈'의 저자들이 주장하기 위하여 근거로 제시하고 있는 '베랑제르 소니에르'에 의해 발견된 양피지 문서의 기록이 진짜인지 가짜인지 무엇으로 증명할 수 있느냐는 것입니다. 또한 '예수는 십자가에서 죽지 않았다'의 저자들이 '토리노 수의'의 진위의 판단에 대한 접근 방법도 문제입니다.

성경에 비추어 볼 때에 '토리노 수의'는 가짜일 가능성이 매우 높습니다. 첫째로, 수의의 형태가 다릅니다. 신약 성경엔 '토리노 수의' 형태의 것이 사용됐다는 언급이 없습니다. 예수님 당대의 수의는 죽은 나사로를 둘둘 말아 감쌌던 두루마리 형태의 아마포였다고 보아야 합니다(참조 요 11:43-44). 둘째로, 과학자들의 실험 결과, '토리노 수의'에는 기본적으로 고대 수의가 반드시 갖춰야 할 향품이나 몰약 등을 넣었다는 흔적이 전혀 없었다고 합니다. 그러나 성경은 아리마대 사람 요셉과 니고데모가 유대인의 장례법대로 예수님의 시신을 몰약과 침향 섞은 것과 함께 쌌다고 말씀하고 있습니다(요 19:39-40).

예수께서 십자가에 못 박히셨는지 아닌지를 판단하는 것은 '진위가 불분명한 양피지 문서', '토리노 수의' 등을 통해서가 아니라, 예수님을 만난 사람들의 삶을 통해서 판단해야 합니다. 만약 예수께서 십자가에 돌아가시고 부활하신 사실이 거짓이라고 한다면 예수님을 배신하고 도망갔던 제자들이 예수님을 주와 그리스도라고 고백하지 않았을 것입니다. 그리고 예수의 십자가와 부활을 증거하기 위하여 목숨을 바치지도 않았을 것입니다.

예수의 십자가와 부활은 제자뿐 아니라, 수많은 그리스도인의 삶으로 증명되어지고 있기 때문에 예수께서 십자가에 못 박히신 것은 명약관화한 사실입니다. 예수께서는 십자가에 못 박히셨지만 3일 만에 다시 살아나셨습니다. 할렐루야!

거짓 주장에 현혹되지 마세요

우리는 '토리노 수의'가 예수님의 시신을 쌌던 성의가 아님이 밝혀졌다느니, 영국법원이 예수께서 십자가에 돌아가신 것이 아니라고 판결을 내렸다느니, 유력한 방송매체가 단지 보도를 했다는 이유로 예수께서 십자가에 못 박혀 돌아가신 것이 사실이 아니라는 주장에 현혹되거나 조금도 흔들리지 말아야 합니다.

항간에는 영국 법원의 주심판사가 "예수는 십자가에서 죽지 않고 프랑스로 망명하여 84살까지 살다 죽었습니다. 예수는 로마 병사 판델라의 아들이었습니다. 책의 내용은 모두 사실이었습니다"라고 판결을 내리자 이를 지켜보던 신부, 수녀, 목사들이 법정 방청석에서 옷을 찢고 통곡을 하였으며 자살하는 소동이 벌어지고 교회가 문을 닫고 영국의 기독교의 약 80%가 회교 등 타종교로 개종을 하였으며 유럽과 미국 등에서도 수많은 교회가 문을 닫는 등의 소동이 이어지자 영국정부에서는 이러한 혼란이 지속되고 전 세계로 확대되는 것을 막기 위해 판결문의 공개 및 해외 유출을 금지시키고 언론에 보도를 통제하는 조치를 취하기도 하였다는 글이 떠돌아다니고 있습니다.

그런데 만일 영국의 기독교인들이 정말 영국 법원의 판결을 듣고 이런 반응을 보였다면 이는 보통 문제가 아닙니다. 왜냐하면 그리스도인은 세상 법정의 판단보다 하나님의 말씀을 더 믿어야 하기 때문입니다. 성경은 예수께서 우리의 죄를 대신하여 십자가에 못박혀 돌아가셨고 그것이 사실임을 증명하시기 위해 부활하셨다고 말씀하고 있습니다. 구교도는 본래부터 말씀이나 믿음보다는 눈에 보이는 성물과 이적에 더 관심을 가지고 있기 때문에 이러한 반응을 보일 수 있습니다. 그러나 신교도는 하나님의 말씀에 목숨을 거는 청교도의 후예들입니다.

믿음이 무엇입니까? 하나님의 약속의 말씀을 믿고 따라가는 것입니다. 믿음은 보이지 않는 것들의 확증입니다(히브리서 11:1). 눈에 보이는 것에 우리 믿음을 세우면 안 됩니다. 설령 '토리노 수의'가

위품 아닌 진품이라 해도 주님 외엔 우리의 믿음의 대상은 없습니다. '토리노 수의'보다 더한 예수님의 유품이 발견되어도 경배의 대상이 되어서는 안 됩니다.

우리 안에 예수 그리스도께서 좌정하시고 계신데 어찌 눈에 보이는 것에 따라 흔들릴 수가 있겠습니까? "어리석도다 갈라디아 사람들아 예수 그리스도께서 십자가에 못 박히신 것이 너희 눈 앞에 밝히 보이거늘 누가 너희를 꾀더냐"(갈 3:1). 예수께서 마지막 시대를 살아가고 있는 그리스도인들에게 이렇게 경고하셨습니다.

> "그 때에 사람이 너희에게 말하되 보라 그리스도가 여기 있다 혹 저기 있다 하여도 믿지 말라 거짓 그리스도들과 거짓 선지자들이 일어나 큰 표적과 기사를 보이어 할 수만 있으면 택하신 자들도 미혹하게 하리라"(마 24:23-24).

02 왜 십자가에 못 박히셨나요?

예수께서 골고다 언덕에서 십자가에 못 박히셨습니다. 사람들이 그곳의 이름을 '해골'(아람어로는 '골고다', 라틴어로는 '갈보리')이라고 부르는 것은 그 언덕의 지형이 두개골처럼 생겼기 때문입니다. 예수께서는 그곳에서 혼자만이 아니라 좌우편의 강도들과 함께 십자가에 못 박히셨기 때문에 골고다 언덕에는 세 개의 십자가가 서 있었습니다(마 27:38; 요 19:18).

세 개의 십자가 뒤에 숨어 있는 음모

왜 예수께서 강도들과 함께 십자가에 못 박히셨을까요? 그것은 성경의 예언을 이루기 위해서 입니다.

> "내가 너희에게 말하노니 기록된 바 그는 불법자의 동류로 여김을 받았다 한 말이 내게 이루어져야 하리니 내게 관한 일이 이루어져 감이니라"(눅 22:37).

예수께서 이렇게 말씀하신 것은 이사야 선지자가 "이는 자기 영혼을 버려 사망에 이르게 하며 범죄자 중 하나로 헤아림을 받았음이니라"(사 53:12)고 한 말을 인용하신 것입니다. 그러나 예수님을 강도들과 같이 처형해서는 안 됩니다. 왜냐하면 범죄의 내용이 다르기 때문입니다. 혹 강도들과 같이 처형을 한다하여도 두 강도의 십자가 가운데 예수님의 십자가를 세워야 할 이유가 없습니다. 그런데 그렇게 한 것은 예수님을 강도로 취급하기 위해서 입니다. 강도 중에서도 가장 악랄한 강도로 보이도록 하기 위한 것입니다. 즉 세 개의 십자가에는 의인이신 예수님을 죄인 중의 죄인으로 몰아세우려는 악한 자들의 음모가 숨어 있는 것입니다.

그런데 십자가 위에서 어떤 일이 일어났습니까? 십자가에 달린 강도 중 하나가 예수님은 죄인이 아니라고 증언하는 일이 벌어졌습니다.

> "달린 행악자 중 하나는 비방하여 이르되 네가 그리스도가 아니냐 너와 우리를 구원하라 하되 하나는 그 사람을 꾸짖어 이르되 네가 동일한 정죄를 받고서도 하나님을 두려워하지 아니하느냐 우리는 우리가 행한 일에 상당한 보응을 받는 것이니 이에 당연하거니와 이 사람이 행한 것은 옳지 않은 것이 없느니라 하고 이르되 예수여 당신의 날에 임하실 때에 나를 기억하소서 하니"(눅 23:39-42).

한편 강도는 예수님께 "네가 그리스도가 아니냐 너와 우리를 구원하라"라고 조롱하며 자신과 같은 죄인으로 취급했지만, 다른 한편 강도는 예수께서 아무런 죄가 없으신 의인이며 자신을 구원할 메시아로 고백하였던 것입니다.

예수님의 십자가 죽음의 의미

예수께서는 아무런 죄가 없으신 분입니다. 그래서 함께 십자가에 못 박힌 강도마저도 예수께서 아무런 죄가 없다고 말한 것입니다. 그런데 왜 예수께서 십자가에 못 박혀 돌아가신 것일까요? 예수께서 친히 그 이유를 말씀하셨습니다. "인자가 온 것은 섬김을 받으려 함이 아니라 도리어 섬기려 하고 자기 목숨을 많은 사람의 대속물로 주려 함이라"(막 10:45).

예수께서 십자가에 못 박히신 것은 우리의 죄를 대속하기 위한 것입니다. 이와 같은 대속의 죽음은 예수께서 탄생하시기 전부터 구약 성경에 예언되어 있었고(사 53:1-12), 또 예수께서도 돌아가시기 전에 제자들에게 여러 번 말씀을 하셨습니다(마 20:18-19; 막 10:32-34; 눅 18:31-34). 형식적으로는 유대교 지도자들이 로마의 법을 빌려 십자가에 처형을 했지만, 사실은 예수께서 우리를 대속하시기 위하여 스스로 선택하신 것이었습니다.

"내가 내 목숨을 버리는 것은 그것을 내가 다시 얻기 위함이니 이로 말미암아 아버지께서 나를 사랑하시느니라 이를 내게서 빼앗는 자가 있는 것이 아니라 내가 스스로 버리노라"(요 10:17-18).

예수께서 십자가에 못 박혀 돌아가신 것은 우리의 죄를 대속하시기 위한 자발적 죽음입니다. 그런데 굳이 예수께서 죄를 대속하시는데 당시 저주의 상징인 십자가에 못 박히신 이유가 무엇일까요? 그것은 우리가 받아야 할 저주를 예수께서 친히 감당하시기 위한 것임을 가르쳐 주시기 위해서 입니다.

"그리스도께서 우리를 위하여 저주를 받은 바 되사 율법의 저주에서 우리를 속량하셨으니 기록된 바 나무에 달린 자마다 저주 아래에 있는 자라 하였음이라"(갈 3:13).

그런데 예수께서 우리의 죄를 대신하여 십자가에 못 박혀 저주를 받으신 동기는 무엇일까요? 그것은 한 마디로 우리를 사랑하셨기 때문입니다(롬 5:8). 그렇습니다. 우리를 향한 사랑이 자신을 그토록 무서운 십자가에 내어놓게 한 것입니다.

우리가 알다시피 십자가 처형은 엄청난 고통을 수반하는 형벌입니다. 십자가에 처형이 결정되면 모든 사람들이 보는 앞에서 옷이 다 벗겨진 채 쇳조각이 달린 채찍으로 심하게 맞은 후 무거운 십자가를 지고 처형장에 도착하여, 못 박히든 줄로 묶이든 십자가에 달리고 낮에는 태양 빛에 밤에는 차가운 바람을 맞으면서 서서히 고통 가운데 말라 죽어 가는데, 일반적으로는 72시간 안에 죽습니다.

그런데 예수께서 6시간 만에 돌아가셨기 때문에 군병들이 이상하게 생각하여 창으로 옆구리를 찔러 죽음을 확인했던 것입니다.

이토록 십자가형이 잔인한 형벌이었기 때문에 예수님을 가까이 좇아다녔던 제자들마저 예수님을 부인하고 도망친 것입니다. 그리고 예수께서도 겟세마네 동산에서 기도할 때에 세 번이나 십자가를 지시는 문제로 밤이 맞도록 기도했던 것입니다. 그러나 예수께서 우리를 너무 사랑하셨기에 자신을 십자가에 못 박히도록 내어주셨던 것입니다.

십자가는 어떤 모양이었을까요?

성경은 예수께서 십자가에 못 박히셨다고만 말씀하고 있지(마 27:35; 막 15:25; 눅 23:33; 요 19:18), 구체적으로 어떤 모양의 십자가인지를 언급하고 있지 않기 때문에 혹자는 이미 우리가 알고 있는 十자형의 십자가가 아니라고 주장합니다. 그들이 그렇게 주장하는 이유는 히브리인은 죄인의 시체를 기둥에 매달아 구경거리가 되게 하는 일은 있었으나, 十자형 십자가에 매다는 습관은 가지고 있지 않기 때문입니다.

"사람이 만일 죽을 죄를 범하므로 네가 그를 죽여 나무 위에 달거든 그 시체를 나무 위에 밤새도록 두지 말고 그 날에 장사하여 네 하나님

여호와께서 네게 기업으로 주시는 땅을 더럽히지 말라 나무에 달린 자는 하나님께 저주를 받았음이니라"(신 21:22-23, 참조 삼하 4:12).

그러나 성경을 자세히 살펴보면 예수께서 못 박히신 십자가는 十자형임을 알 수 있습니다. 이미 구약성경은 예수께서 손과 발이 못 박히실 것을 예언했습니다. "개들이 나를 에워쌌으며 악한 무리가 나를 둘러 내 수족을 찔렀나이다"(시 22:16).

또한 도마와 예수님과의 대화를 통해서도 알 수 있습니다. 예수께서 부활하신 후 제자들에게 나타나셨는데 마침 그 자리에 도마가 없었습니다. 부활하신 예수님을 만난 제자들이 도마에게 "우리가 주를 보았노라"하자, 그는 "내가 그의 손의 못 자국을 보며 내 손가락을 그 못 자국에 넣으며 내 손을 그 옆구리에 넣어 보지 않고는 믿지 아니하겠노라"(요 20:25)라고 합니다.

그렇게 말한 후 여드레가 지났을 때에 예수께서 도마에게 나타나셔서 "네 손가락을 이리 내밀어 내 손을 보고 네 손을 내밀어 내 옆구리에 넣어 보라 그리하여 믿음 없는 자가 되지 말고 믿는 자가 되라"(요 20:27; 참조, 눅 24:39)고 말씀하신 것은 예수께서 십자가에 못 박히실 때에 손에 못이 박혔다는 것을 증명하는 것입니다.

십자가가 대속(代贖)의 죽음인지 어떻게 증명할 수 있나요?

우리는 예수께서 자신의 죄가 아니라 우리의 죄를 대속하기 위하여 십자가에 못 박혀 돌아가셨다는 사실을 믿고 있습니다. 그런데 그것이 사실인지 아닌지를 어떻게 알 수 있느냐는 것입니다. 즉 예수께서 자신의 죄 때문에 죽은 것인지, 우리의 죄 때문에 돌아가신 것인지를 어떻게 알 수 있느냐는 것입니다.

그것은 예수께서 십자가에 못 박혀 돌아가시기 전 제자들에게 하신 말씀을 통해서 알 수 있습니다. 예수께서는 여러 차례 제자들에게 자신이 곧 인류의 죄를 대속하기 위하여 십자가에 못 박혀 죽지만 삼일 만에 다시 살아날 것을 말씀하셨습니다.

그런데 예수께서 말씀하신 대로 십자가에 못 박혀 돌아가셨지만 삼일 만에 다시 살아나셨습니다. 혹 실신했다가 다시 살아난 경우는 있었어도 십자가에 못 박혀 처형을 당한 사람 가운데 다시 살아난 사람은 없었습니다. 그런데 예수께서 말씀하신 대로 다시 살아나셨기 때문에 예수께서 십자가에 못 박히신 것은 자신의 죄 때문이 아니라 우리의 죄 때문인 것을 알 수 있는 것입니다.

예수의 십자가와 부활을 믿어야 구원을 받습니다

모든 종교는 인간의 죄와 죽음의 문제를 다루고 있습니다. 그런데 이 문제를 해결하는 방법이 기독교와 타종교가 전혀 다릅니다. 기독교를 제외한 모든 종교는 자력구원을 외칩니다. 즉 자신의 힘과 노력으로 죄 문제를 해결 받고 구원을 받는다고 합니다. 반면에 기독교는 타력 구원을 외칩니다. 즉 자신의 힘과 노력으로는 죄 문제를 해결할 수 없고 오직 예수의 십자가와 부활을 믿어야 죄 사함을 받고 구원 받을 수 있다고 주장합니다.

왜 기독교는 자력으로는 안 되고 타력으로만 구원을 받을 수 있다고 주장하는 것일까요? 그것은 인간 안에는 구원받을 만한 요소가 하나도 없기 때문입니다. 모든 사람은 아담의 후손으로 태어나기 때문에 죄인이고 죽어야 하며 죽은 다음에는 심판을 받아 지옥에 던져져야 할 운명에 처해 있기 때문에 아무리 노력을 해도 스스로는 구원을 받을 수 없습니다.

반드시 밖으로부터 구원자가 와서 도와주어야 하기 때문에 하나님께서 친히 인간의 몸으로 오셔서 우리를 대신하여 십자가에 못 박혀 돌아가신 것이고, 그것이 사실인 것을 증명하시기 위하여 다시 살아나신 것입니다. 만약 예수께서 십자가에 못 박혀 돌아가셨을지라도 말씀하신 대로 부활하시지 않았다면 우리의 죄는 그대로 있을 것이며 우리의 믿음 또한 헛된 것이 될 것입니다(고전 15:17).

따라서 누구든지 예수께서 십자가에 돌아가시고 부활하신 사실, 즉 복음을 믿으면 죄 사함을 받을 수 있고 구원을 받을 수 있습니다. 아무리 착하게 살고 사회적으로 봉사활동을 많이 하고 열심히 신앙생활을 하여도 예수의 십자가와 부활을 믿지 않는다면 죄로부터 구원을 받을 수 없습니다. 예수의 십자가와 부활은 우리의 죄 문제를 해결하기 위해 하나님께서 준비하신 유일한 길이심을 믿어야 합니다.

03 십자가보다 더 중요한 것은 없습니다

　　영국 시인 매닝(Mannyng of Brunne, Robert)이 "십자가 그늘 아래 있을 때에만 우리는 그분의 제자다"라고 했듯이, 그리스도인에게 있어서 십자가보다 더 중요한 것은 없습니다. 그런데 우리의 현실은 어떻습니까? 십자가보다 중요하게 생각하는 것들이 너무 많습니다. 신앙생활을 어느 정도 하고 나면 이미 다 안다고 생각하여 십자가를 거들떠보지도 않고 무시해버립니다. 당신은 십자가를 어느 정도로 생각하고 있습니까?

십자가는 신앙의 기초입니다

　신앙생활은 예수의 십자가와 부활을 믿음으로 죄 사함을 받고 구원 받는 것에서 시작하기 때문에 십자가는 신앙생활에 있어서 가장 중요한 기초입니다. 기초가 튼튼하지 않으면 건물이 무너지듯이 신앙의 기초인 십자가가 약하면 신앙이 흔들리게 됩니다. 건물을 높게 지을수록 기초를 든든하게 하듯이 주님을 더욱 더 가까이 따라가기 위해서는 신앙의 기초인 십자가를 더욱 든든히 붙잡아야 합니다.

　우리는 삼풍백화점이나 성수대교가 무너진 사실을 잘 알고 있습니다. 왜 무너졌습니까? 기초공사가 부실했기 때문입니다. 우리의 신앙도 마찬가지입니다. 신앙 경력, 직분, 열심 등 신앙의 외적인 모습은 화려해도 기초인 십자가가 약하면 어느 날 갑자기 넘어지게 되는 것입니다.

초대교회는 날마다 예수가 그리스도라고 가르치고 전도하기를 쉬지 아니하였습니다(행 5:42). 왜 그렇게 했을까요? '예수께서 그리스도이시다'라는 신앙고백이 교회의 기초이기 때문입니다. 즉 교회가 '예수께서 그리스도이시다'라는 신앙고백 위에 세워졌기 때문입니다(마 16:16-18). 신앙 역시 십자가 위에 세워졌기 때문에 계속해서 십자가를 가르치고 전해야 합니다.

십자가를 생각하지 않으면 주님의 원수가 될 뿐입니다

베드로가 가이사랴 빌립보에서 "주는 그리스도시요 살아계신 하나님의 아들이시니이다"(마 16:16)라고 신앙고백을 하자, 예수께서 "내가 네게 이르노니 너는 베드로라 내가 이 반석 위에 내 교회를 세우리니 음부의 권세가 이기지 못하리라"(마 16:18)라고 칭찬하셨습니다. 그런데 얼마 지나지 않아 "사탄아 내 뒤로 물러가라 너는 나를 넘어지게 하는 자로다 네가 하나님의 일을 생각하지 아니하고 도리어 사람의 일을 생각하는도다"(마 16:23)라고 호되게 책망을 하셨습니다.

어떻게 대단한 칭찬을 받았던 베드로가 얼마 되지 않아 '사탄'이라는 말을 들을 정도로 호된 책망을 받았을까요? 그것은 그가 십자가를 생각하지 않고 자신의 안일만을 생각했기 때문입니다. 그렇습니다. 베드로는 예수님을 좇았지만 십자가에는 전혀 관심을 쏟지 않고 장차 예수께서 왕위를 얻게 되시면 차지할 영광만 생각하고 있었습니다.

가룟 유다도 마찬가지였습니다. 그는 주님께 직접 가르침을 받았을 뿐 아니라, 예수께서 많은 병자와 귀신들린 자를 고치고 죽은 자를 살리시는 이적을 보았습니다. 심지어 예수님께 신임을 받아 돈궤까지 맡았던 자였습니다. 그런데 왜 그가 예수님을 은 삼십에 팔아버렸을까요? 예수께서 하나님의 능력으로 로마제국을 무너뜨리시면 자신도 한 자리 할 줄로 생각했는데 곧 십자가에 못 박혀 돌아가시는 상황이 연출되고 있었기 때문입니다. 즉 십자가를 전혀 생각지 아니하고 오직 자신의 영광만 생각하고 예수님을 좇았기 때문입니다.

그렇습니다. 십자가에는 관심이 없고 단지 이 세상에서 부귀영화를 누리기 위해 예수님을 믿는 사람들은 끝까지 예수님을 따를 수 없을 뿐만 아니라, 오히려 하나님의 일을 방해하는 훼방꾼이 된다는 것을 명심해야 합니다.

자랑하고 증거해야 할 것은 오직 십자가뿐입니다

　사람마다 자랑거리를 가지고 살아갑니다. 그런데 자랑에는 매우 중요한 진리가 내포되어 있습니다. 자랑은 자신이 무엇을 중요하게 생각하고 있는가를 알 수 있는 척도가 된다는 것입니다. 즉 자기 자신을 자랑하면 자신을 중요하게 생각하는 사람이고, 십자가를 자랑하면 예수님을 중요하게 생각하는 사람임을 알 수 있는 것입니다.

　자신이 무엇을 자랑하는 사람인지를 판단할 수 있는 간단한 방법이 있습니다. 다른 사람의 말에 쉽게 상처를 받는 사람은 아직도 자아가 살아 있는 자로 자신을 자랑하는 자입니다. 반면에 어떤 말을 들어도 쉽게 상처를 받지 않는 사람은 예수님과 함께 십자가에 못 박힌 자로 예수님만을 높이는 사람입니다.

　정말 거듭난 그리스도인은 십자가밖에 자랑하지 않습니다. 왜냐하면 십자가로 말미암아 죄와 사망의 법에서 해방되어 구원을 받아 하나님의 자녀가 되어 삶 속에서 그것을 누리며 살고 있기 때문입니다. 예수님을 믿는다고 하면서 주님을 자랑하지 않고 자신만 자랑하는 사람은 아직 구원의 은혜를 모르는 사람입니다.

　사람들은 자신을 자랑하면 사람들이 듣기를 좋아한다고 착각합니다. 그러나 남의 자랑을 듣기 좋아하는 사람은 한 사람도 없습니다. 오히려 자랑은 눈살을 찌푸리게 하고 질투심을 유발하여 미움을 사게 할 뿐입니다. 그러나 십자가를 자랑하면 죄인이 회개하고 주께로 돌아오며 하나님의 은혜를 찬양하는 삶을 살게 됩니다.

우리는 초대교회 성도들을 본받아야 합니다. 그들이 전하고 자랑한 것은 오직 십자가뿐이었습니다. 그 십자가 때문에 화형을 당하며, 맹수에 물어뜯기며, 돌에 맞아 죽으면서도 주님을 배신하지 않았고, 환난이나 곤고나 박해나 기근이나 적신이나 위험이나 칼도 두려워하지 않았던 것입니다(롬 8:35).

어떻게 하면 우리도 그들처럼 십자가만을 바라보는 삶을 살 수 있을까요? 십자가외에는 그 어떤 것에도 관심을 두지 않겠다고 결심해야 합니다. "내가 너희 중에서 예수 그리스도와 그가 십자가에 못 박히신 것 외에는 아무것도 알지 아니하기로 작정하였음이라"(고전 2:2). 그리고 십자가외에는 자랑할 것이 하나도 없음을 알아야 합니다. "그러나 내게는 우리 주 예수 그리스도의 십자가 외에 결코 자랑할 것이 없으니 그리스도로 말미암아 세상이 나를 대하여 십자가에 못 박히고 내가 또한 세상을 대하여 그러하니라"(갈 6:14).

그리스도인에게 중간지대는 없습니다. 자기를 자랑하느냐, 십자가를 자랑하느냐 둘 중의 하나를 선택해야 합니다. 자신을 자랑하시렵니까? 십자가를 자랑하시렵니까?

3장

십자가에 죽고
십자가로 살아가야 합니다

01 십자가로 구원만 받는다?

구원은 우리의 의로운 행실이 아니라 복음을 믿음으로 받습니다. 즉 예수께서 우리의 죄를 위하여 십자가에 못 박혀 돌아가시고 다시 살아나신 것을 믿음으로 받습니다. 십자가 없이는 절대로 구원을 받을 수 없습니다. 이와 같이 십자가에 못 박히신 예수를 믿음으로 구원 받는 것은 이미 구약시대부터 놋뱀 사건을 통하여 예언되었습니다(민 21:6-9). 그래서 예수께서도 "모세가 광야에서 뱀을 든 것 같이 인자도 들려야 하리니 이는 그를 믿는 자마다 영생을 얻게 하려 하심이니라"(요 3:14-15)고 말씀하신 것입니다.

십자가에 못 박히신 예수 그리스도를 바라보지 않으면 구원을 받을 수 없습니다. 십자가는 우리에게 구원을 주시는 하나님의 능력입니다. "십자가의 도가 멸망하는 자들에게는 미련한 것이요 구원을 받는 우리에게는 하나님의 능력이라"(고전 1:18).

십자가를 지금도 붙잡고 있나요?

그러나 십자가로 구원을 받은 것만으로 만족해서는 안 됩니다. 십자가는 결코 구원을 받기 위해서만 필요한 일회용품이 아닙니다. 십자가를 놓는 순간 우리의 신앙은 와르르 무너지기 때문에 주님 뵈올 때까지 꼭 붙잡고 있어야 합니다.

그런데 십자가로 구원만 받고서 십자가와 무관하게 살아가는 그리스도인이 너무나도 많습니다. 당신에게 묻습니다. "지금 당신에게 십자가는 어떤 의미가 있습니까?" 과거에만 믿었던 십자가입니까? 아니면 지금도 꼭 붙잡고 있는 십자가입니까?

사도 바울이 "내게는 우리 주 예수 그리스도의 십자가 외에 결코 자랑할 것이 없으니 그리스도로 말미암아 세상이 나를 대하여 십자가에 못 박히고 내가 또한 세상을 대하여 그러하니라"(갈 6:14)라고 고백하고 있는데, 여기서 '십자가에 못 박히고'는 헬라어로 현재완료시제입니다. 즉 한 번 십자가에 못 박힌 사건이 지금까지 영향을 미치고 있다는 것입니다. 우리는 이미 예수님과 함께 십자가에 못 박혔기 때문에 십자가와 뗄래야 뗄 수 없는 관계에 있음을 알아야 합니다.

그리스도와 주

 구원 받은 성도에게 예수께서는 그리스도와 주님이 됩니다. 그래서 베드로는 오순절 설교에서 "그런즉 이스라엘 온 집은 확실히 알지니 너희가 십자가에 못 박은 이 예수를 하나님이 주와 그리스도가 되게 하셨느니라 하니라"(행 2:36)라고 선포했던 것입니다.

 '예수께서 그리스도이시다' 라는 말은 '예수께서 구원자이시다' 라는 뜻입니다. 즉 예수께서 우리를 죄와 사망의 법에서 해방시키셔서 구원하신 구세주라는 뜻입니다. 반면에 '예수께서 주님이시다' 라는 말은 '예수께서 우리의 주인이 되신다' 라는 뜻입니다. 즉 예수께서 피로 값을 지불하시고 우리를 사셨기 때문에 그분이 우리의 삶의 주인이 되신다는 뜻입니다. "값으로 산 것이 되었으니 그런즉 너희 몸으로 하나님께 영광을 돌리라"(고전 6:20).

 그러나 예수께서 자동적으로 우리의 주인 노릇을 하시는 것이 아닙니다. 그분을 주인으로 환영해야 주인으로 일하십니다. 한 사람 안에 주인이 둘은 될 수 없습니다. 그분이 우리 안에서 주인 노릇을 하시게 하려면 십자가에 죽어야 합니다. 따라서 십자가와 무관하게 살아가는 사람은 예수께서 주인되시는 삶을 살 수 없습니다. 우리는 십자가로 구원받은 것을 감사만 하지 말고 날마다 예수님을 주인으로 모시는 삶을 살아가야 합니다.

02 십자가를 지려면 먼저 죽어야 합니다

우리가 알다시피 예수께서 십자가에 못 박혀 돌아가신 것은 우리의 죽음을 대신하신 것입니다. 즉 우리가 죄 때문에 죽어야 하는데(롬 6:23) 예수께서 우리를 대신하여 돌아가신 것입니다. 그런데 왜 우리가 또 십자가에 죽어야 할까요? 사실 우리는 예수님과 똑같이 십자가에 못 박혀 죽을 수는 없습니다. 아무리 극악한 죄를 범했어도 십자가에 처형하는 나라는 없습니다. 따라서 우리는 십자가에 죽어야 한다는 의미를 알아야 합니다.

'십자가에 죽는다'는 의미

십자가에 죽는다는 의미를 여러 가지로 해석할 수 있겠지만 크게 두 가지로 생각할 수 있습니다.

첫째로, 자기를 부인하라는 뜻입니다. 즉 자신을 부정해 버리라는 것입니다. 나 죽었다고 생각하고 자기 자신을 없는 걸로 취급하라는 것입니다. 정과 욕심으로 살아가는 옛 사람은 이미 십자가에 못 박혔기 때문에 자신을 살아 있는 자로 생각하면 안 됩니다. "그리스도 예수의 사람들은 육체와 함께 그 정욕과 탐심을 십자가에 못 박았느니라"(갈 5:24).

둘째로, 죄에 대하여 죽는다는 것입니다. 예수께서 우리의 죄를 대신하여 십자가에 못 박혀 돌아가셨기 때문에 십자가에 죽는다는 것은 무엇보다도 죄에 대하여 죽는다는 뜻입니다. 그런데 우리는 이미 죄에 대하여 죽은 자입니다. 언제 죽었습니까? 예수께서 십자가에 못 박히셨을 때입니다. 그래서 우리는 자신을 죄에 대하여 죽은 자로 생각해야 합니다. "이와 같이 너희도 너희 자신을 죄에 대하여는 죽은 자요 그리스도 예수 안에서 하나님께 대하여는 살아 있는 자로 여길지어다"(롬 6:11).

그러나 아무나 십자가에 죽는 삶, 즉 자신을 부인하고 죄에 대하여 죽는 삶을 사는 것이 아닙니다. 이미 십자가를 경험한 사람, 즉 십자가에 못 박히신 예수님을 영접한 사람만이 할 수 있는 것입니다. 거듭나지 못한 사람은 십자가가 무엇인지를 모르기 때문에 십자가에 죽을 수 없습니다. 십자가에 죽는 것은 그리스도인에게만 주어진 영광과 특권임을 알아야 합니다.

왜 우리도 십자가에 죽어야 할까요?

우리는 이미 그리스도의 죽음과 연합이 되었기 때문에 십자가에 죽은 자입니다. 그런데 또 십자가에 죽는 삶을 살아가야 합니다. 왜 그럴까요?

첫째로, 십자가에 죽는 자만이 살 수 있기 때문입니다. 예수님을 영접하는 순간 우리 안에는 두 가지 생명이 존재합니다. 옛 생명과 새 생명입니다. 한 육체에 새 생명과 옛 생명이 공존할 수 없습니다. 그래서 새 생명이 살려면 옛 생명은 죽어야 합니다. 새 사람의 생명은 옛 사람의 생명과 반비례합니다. 그래서 바울은 새 생명이 살려면 자신은 죽어야 하고 그리스도께서 사셔야 한다고 고백한 것입니다(갈 2:20).

둘째로, 죽지 않으면 십자가를 질 수 없기 때문입니다. 그렇습니다. 자신을 십자가에 죽이지 않으면 십자가를 질 수 없습니다. 예수께서 제자들에게 먼저 십자가를 지라고 말씀하시지 않고 자기를 부인하라고 하신 것은 바로 이 때문입니다(막 8:34, 참조 마 16:24; 눅 9:23). 그렇습니다. 자신을 십자가에 죽임으로 자신을 부인하지 않는 사람은 자기 십자가를 지고 갈 수 없습니다. 그리스도인들이 예수님을 좇는다고 하지만 실제로 삶 속에서 자기 십자가를 지지 않는 것은 아직도 자아가 죽지 않았기 때문입니다.

셋째로, 더 나은 부활의 영광에 참여하기 위해서 입니다. 마지막 날 모든 그리스도인은 영광스러운 부활에 참여할 것입니다. 그러나 부활의 영광은 동일하지 않습니다. 그리스도와 함께 날마다 죽는 삶을 사는 자만이 최고로 영광스러운 부활에 참여하게 됩니다. 장차 우리가 누릴 영광은 지금 얼마나 죽느냐에 달려 있습니다. 그래서 사도 바울은 "내가 그리스도 예수 우리 주 안에서 가진 바 너희에 대한 나의 자랑을 두고 단언하노니 나는 날마다 죽노라"(고전 15:31)라고 고백했던 것입니다.

삶 속에서 순교해야 합니다

예수께서 단번에 십자가에서 돌아가심으로 우리의 죄를 영원히 해결하셨습니다(히 10:14). 그러나 우리가 십자가에 죽는 삶은 지속적으로 이루어져야 합니다. 즉 날마다 죽어야 합니다. 현대적인 순교는 날마다 삶 속에서 자신을 죽이는 것입니다. 삶 속에서 순교하지 않으면 끝까지 주님을 따를 수 없습니다.

저는 기회가 주어지면 순교를 하겠다는 각오로 살아가고 있습니다. 그런데 기독교 역사를 보면 항상 순교하기 전에는 먼저 예수님을 배신하도록 고통이 가해졌기 때문에, 끝까지 주님을 따르기 위해서는 어떤 고통이 가해져도 참아야 한다고 생각하여 사우나의 열탕이나 고온실에 들어가 오랫동안 버티는 훈련을 하곤 했습니다. 그런데 어느 날 주님께서 저에게 이렇게 말씀하셨습니다. "네 성질이나 죽여라."

그렇습니다. 옛 사람을 죽이지 않고는 진정한 순교를 할 수 없습니다. 순교는 날마다 자신을 죽이는 자만이 할 수 있는 것입니다. 사도 바울을 비롯한 제자들이 순교의 제물이 될 수 있었던 것은 삶 속에서 날마다 죽는 연습을 했기 때문입니다(고전 15:31). 우리가 이미 예수님과 함께 십자가에 못 박혀 죽었지만 육신 가운데 사는 동안은 항상 옛 사람이 살아나려고 꿈틀거리기 때문에 날마다 십자가에 죽어야 하는 것입니다.

03 우리도 '자기 십자가'를 져야 합니다

예수께서 자신을 좇는 제자들에게 "무릇 내게 오는 자가 자기 부모와 처자와 형제와 자매와 및 자기 목숨까지 미워하지 아니하면 능히 나의 제자가 되지 못하고 누구든지 자기 십자가를 지고 나를 좇지 않는 자도 능히 나의 제자가 되지 못하리라"(눅 14:26-27, 참조 마 16:24)라고 하셨습니다. 이 말씀은 예수님을 따르려면 반드시 자기 십자가를 져야 한다는 것입니다. 그렇습니다. 예수 그리스도를 좇는 자는 누구든지 자기 십자가를 져야 합니다.

왜 사람들이 십자가 지기를 싫어할까요?

그리스도를 믿는 사람들은 많지만 십자가를 지고 주님을 좇는 그리스도인은 찾아보기 힘이 듭니다. 우리나라만 해도 천이백만 명을 자랑하고 있지만 십자가를 지고 예수님을 따라가는 그리스도인은 매우 희귀합니다. 왜 이런 현상이 일어나는 것일까요? 십자가를 진다는 것은 곧 고난을 당하는 것이기 때문입니다. 즉 '십자가는 고난이다'라는 등식이 성립되기 때문입니다.

우리는 예수께서 지신 십자가와 동일한 것을 지지 않기 때문에 십자가의 무게 때문에 쓰러지거나 넘어지지는 않습니다. 그러나 십자가를 지는 데는 언제나 고통이 따르기 마련입니다. 그래서 입으로는 십자가를 사랑한다고 찬양하지만 실제로는 십자가를 지려고 하지 않는 것입니다. 주님을 따르는 길은 좁은 길이고 고통의 길임을 알고 십자가를 져야 합니다. 마틴 루터는 "십자가를 지는 것은 내가 과연 참 제자인지 혹시 떡덩이나 물고기를 얻어먹으러 다니는지 그것을 분별하는 시금석이다"라고 말했습니다.

예수님의 제자는 공부를 한다고 되는 것이 아닙니다. 헌금을 많이 낸다고 되는 것도 아닙니다. 열심히 전도하고, 기도를 한다고 되는 것도 아닙니다. 우리 주님께서 가신 길을 좇아가야 합니다. 예수께서 십자가를 지셨기에 우리도 그분처럼 십자가를 져야 합니다.

모든 그리스도인은 '자기 십자가'를 져야 합니다

당시 십자가에 처형당하는 죄수는 처형당하는 장소까지 자신이 직접 십자가를 지고 가야만 했기 때문에 예수께서도 친히 '자기 십자가'를 지셨습니다. "그들이 예수를 맡으매 예수께서 자기의 십자가를 지시고 해골(아람어로 골고다)이라 하는 곳에 나가시니"(요 19:17).

그런데 예수께서 십자가를 지시기 전에 제자들에게 자신을 따라

오려면 '자기 십자가'를 져야 한다고 말씀하셨습니다. "무리와 제자들을 불러 이르시되 누구든지 나를 따라오려거든 자기를 부인하고 자기 십자가를 지고 나를 따를 것이니라"(막 8:34).

그런데 '자기 십자가'가 무엇이냐는 것입니다. 일반적으로 십자가란 고통 또는 희생을 의미하지만 '자기 십자가'가 무슨 의미인지를 알려면 예수께서 말씀을 하신 전후문맥을 살펴보아야 합니다. 예수께서 장차 자신이 십자가의 수난을 당하게 될 것을 말씀하시자, 베드로가 예수님을 붙들고 절대로 그렇게 되면 안 된다고 하였습니다.

그 때 예수께서 베드로에게 "사탄아 내 뒤로 물러가라 너는 나를 넘어지게 하는 자로다"(마 16:23) 라고 말씀하시면서 제자 됨의 조건을 말씀하셨습니다. 그 조건 중의 하나가 바로 '자기 십자가'를 지는 것입니다. 즉 예수께서 우리의 죄를 대신하여 자신의 십자가를 지셨듯이, 우리에게도 주님을 좇는데 따르는 십자가를 져야 한다는 것입니다.

십자가에는 '죄의 십자가'와 '의의 십자가'가 있습니다. '죄의 십자가'는 자신의 욕심과 죄로 인해서 지는 고난인 반면, '의의 십자가'는 하나님의 뜻대로 살기 위해서 당하는 고난입니다. 따라서 예수님의 제자는 '죄의 십자가'가 아니라 '의의 십자가'를 져야 합니다. 즉 예수께서 '자기 십자가'를 지라고 하신 것은 주님을 따르기 위해 겪어야 할 고난을 감내하라는 뜻입니다(벧전 2:19-20).

우리가 아는 대로 예수님의 부친 요셉이 목수였는데 구전(口傳)에 의하면 로마 사람들이 주문하는 십자가를 만드는데 전문가였다고 합니다. 예수께서도 공생애를 시작하시기 전 아버지를 도와 열심히 목수의 일을 하셨기 때문에 십자가를 만드는 일에 능통하셨을 것입니다. 예수께서 우리에게도 져야 할 십자가를 만들어주시면서 그 십자가를 지고 주님을 좇으라고 말씀하고 계십니다.

"누구든지 자기 십자가를 지고 나를 따르지 않는 자도 능히 내 제자가 되지 못하리라"(눅 14:27).

모든 그리스도인에게는 크기와 무게는 다르지만 저마다 지고 가야할 십자가가 있습니다. 십자가를 지지 않아도 되거나 지고 가야 할 십자가가 없는 사람은 없습니다. 그동안 당신은 져야 할 십자가를 어떻게 하셨습니까? 싫다고 다른 사람에게 지게 하거나, 무겁다고 내려놓지는 않았습니까?

자기 십자가를 지는 것은 주님의 명령입니다. 지금은 예수님을 믿는다고 죽이는 사람이 없습니다. 또 신앙생활을 한다고 사회적으로 매장이 되지도 않습니다. 그러나 어제나 오늘이나 변하지 않는 원칙이 있습니다. 누구든지 주님의 제자가 되기 위해서는 날마다 자기 십자가를 져야만 한다는 것입니다.

십자가를 지되 '날마다' 져야 합니다

우리가 십자가를 지되 일생에 단 한 번만 지면 얼마나 좋을까요? 그런데 예수께서는 날마다 져야 한다고 말씀하셨습니다.

> "또 무리에게 이르시되 아무든지 나를 따라오려거든 자기를 부인하고 날마다 제 십자가를 지고 나를 따를 것이니라"(눅 9:23).

'날마다' 십자가를 져야 한다는 것은 어느 일정한 때와 장소뿐만 아니라, 언제든지 그리고 어디서든지 항상 져야 한다는 뜻입니다. 즉 십자가를 지는 것이 자신의 삶이 되어야 한다는 뜻입니다. 그렇습니다. 십차가를 지는 것은 행사가 아닙니다. 가정과 직장과 사회생활 속에서 자기 십자가를 져야 합니다.

저는 군 생활을 최전방인 육군 제5사단에서 했습니다. 입대 동기와 함께 행정 보직을 받아 연대본부중대에서 복무를 했습니다. 그런데 그 친구는 행동이 느렸고, 일 처리가 능숙하지 못해 종종 중대장에게 질책을 받았습니다. 어느 날 중대장이 저와 그 친구를 불러서 일 처리가 잘못되었다고 책망을 하였습니다. 그 때에 저는 늘 하던 대로 이렇게 변명을 했습니다. "제가 하지 않고 ○○○일병이 했습니다." 그러자 중대장이 뜻밖에 저에게 이렇게 말을 하는 것이었습니다. "너는 항상 ○○○일병이 잘못했다고 하느냐?" 순간 부끄러워 얼굴을 들 수가 없었습니다.

저는 당시에 결혼을 하지 않았지만 서리 집사로 임명을 받고 입대를 하였을 뿐만 아니라, 열심히 신앙생활을 하여 군부대 내에서는 '새끼목사'로 불리고 있었습니다. 그렇기 때문에 제가 잘못하지 않았어도 그리스도인답게 "제가 잘못했습니다"라고 하여 ○○○일병의 잘못을 대신 감당하여 십자가를 졌다면 그 친구가 감동을 받고 예수님을 믿었을지도 모릅니다. 십자가를 지는 것은 이론이 아닙니다. 삶이 되어야 합니다. 그래서 그리스도인은 '날마다' 자기 십자가를 져야 하는 것입니다.

어떻게 하면 날마다 자기 십자가를 질 수 있을까요? 다른 사람을 섬기려는 자세를 가지면 질 수 있습니다. 예수께서 우리를 대신하여 십자가를 지실 수 있었던 것은 우리를 섬기기 위해서 이 세상에 오셨기 때문입니다.

> "인자가 온 것은 섬김을 받으려 함이 아니라 도리어 섬기려 하고 자기 목숨을 많은 사람의 대속물로 주려 함이니라"(막 10:45).

예수께서 죄인들을 섬기기 위하여 오셨기에 의인이신 예수께서 죄인을 대신하여 십자가에 못 박히실 수 있으셨던 것입니다.

십자가를 질 기회를 놓치지 말아야 합니다

로마 군병들이 십자가를 예수님의 어깨에 메우고 골고다까지 채찍질하면서 올라가게 했을 때, 예수께서 너무 힘드셔서 목적지에 이를 동안 여러 번 쓰러지셨습니다. 예수께서 십자가를 지시고 가신 길을 '비아돌로 로사'(라틴어로 '고난의 길'이라는 뜻)라고 하는데, 십자가와 관련하여 14지점을 정하여 기념하고 있습니다. 예수께서 지신 감람나무 십자가는 무게가 70kg나 되었고, 전날 밤 너무 고된 심문을 받으셨기 때문에 600m나 되는 언덕길을 계속 오르는 동안 쓰러지시는 것은 너무나 당연했습니다.

그런데 바로 그때에 평소 나서기를 좋아했던 베드로가 용감하게 나타나서 "주님, 제가 지겠습니다"라고 말하고 예수님의 십자가를 대신 지고 올라갔다면 얼마나 멋있었을까요? 또한 예수님의 사랑을 가장 많이 받고 가장 나이가 젊은 요한이 덤벼들어서 "예수님, 이 십자가는 제가 져야 할 십자가입니다"라고 했다면 얼마나 주님께서 기뻐하셨을까요? 그런데 아쉽게도 제자들 가운데는 예수님을 대신하여 십자가를 진 사람은 단 한 명도 없었습니다.

제가 분당에서 목회할 때였습니다. 저의 교회 여전도사님이 경험한 이야기를 들려주었는데 지금까지도 생생하게 기억하고 있습니다. 어느 추운 겨울 오후, 그 전도사님이 라면을 끓여서 막 먹으려고 하는데 갑자기 남루한 사람이 들어오더니 "아! 저 라면 좀 먹었으면 좋겠다. 조금만 주실래요?"라고 하더랍니다. 전도사님이 망설이면서 안 된다고 거절하자 잠시 머뭇거리더니 집 밖으로 나가더랍니다. 순간, 혹 주님께서 변장을 하고 찾아 오셨을지도 모른다는 생각이 들어 얼른 뛰어나갔더니 그 사람이 사라지고 보이지 않더랍니다. 그래서 그 자리에 주저앉아 통곡하며 회개했다고 합니다. 주님을 대접할 기회가 주어졌는데 그 기회를 놓쳤던 것입니다.

04 십자가 없는 부활은 없습니다

십자가와 부활은 항상 같이 가야 하지만, 반드시 '십자가'가 선행되어야 합니다. 십자가 없는 부활은 있을 수 없습니다(마 16:21). '先 십자가, 後 부활'의 순서가 지켜지지 않는 배후에는 자기 마음대로 하려는 인간의 교만과 욕심이 꿈틀거리기 때문입니다. 한국교회가 총체적 위기를 맞이하고 있는 근본적인 이유는 하나님께서 정해주신 이 순서를 지키지 않고 있기 때문입니다. 즉 먼저 십자가를 질 생각은 하지 않고 세상의 부귀와 영광을 얻으려는 욕망으로 가득 차 있기 때문입니다(약 1:15). 지금이라도 회개하고 먼저 십자가를 지는 삶을 살겠다고 결단해야 합니다.

No cross, No crown

영어 속담에 "No cross, No crown"이 있습니다. 십자가 없이는 면류관도 없다는 뜻입니다. 즉 십자가의 고난이 없이는 부활의 영광에 이를 수 없다는 것입니다. 그렇습니다. 고난이 없이는 어떤 것도 성취할 수 없습니다. 이 세상에서도 성공, 승리, 행복 등… 어느 것 하나 고난 없이 주어지는 것은 없습니다. 그런데 천국에서 영원히 면류관을 쓰기 위해서 잠시 고난을 당하는 것은 당연하지 않을까요?

　어느 생물학자의 글에서 발췌한 것입니다. "여러 마리의 번데기가 나비로 탈바꿈하는 중이었다. 너무도 작은 구멍을 빠져 나오려고 애쓰는 모습을 보면서 나는 너무나 애처롭게 느껴졌다. 그런데 한 마리, 두 마리, 그토록 작은 구멍을 통해 천신만고 끝에 애쓰더니 결국은 빠져 나와서 공중으로 훨훨 날아올랐다. 마침 또 나오려고 애쓰는 놈을 발견하고 가위로 구멍을 넓게 잘라 주었다. 넓게 열어 준 구멍으로 나비는 쉽게 나왔다. 그러나 문제가 생겼다. 공중으로 날아오르려고 몇 번 시도하다가 결국 오르지 못하고 땅바닥에서만 맴돌 뿐이었다. 그때 나는 깨달았다. 작은 구멍에서 고통하며 힘쓰면서 나와야 그 몸의 영양분이 날개 끝까지 공급되고, 또 날개가 나올 때 심하게 마찰되면서 하늘로 날아오를 만큼 강건해진다는 사실을."

　고난 자체는 결코 좋은 것이 아닙니다. 하나님께서도 우리가 고난 당하는 것을 기뻐하시지 않습니다. "주께서 인생으로 고생하게 하시며 근심하게 하심은 본심이 아니시로다"(애 3:33, 참조 렘 29:11). 그런데 왜 하나님께서 종종 우리에게 고난을 허락하실까요? 여러 가지 이유가 있지만 무엇보다도 고난이 없이는 영광이 없기 때문입니다. 그렇습니다. 예수께서도 십자가를 통과하신 후에야 부활의 영광을 누리실 수 있었습니다. 만일 예수께서 십자가를 지시지 않으셨다면 '주와 그리스도'는 되지 못하셨을 것입니다.

　세상에 공짜는 하나도 없습니다. 육체의 근력을 키우려고 해도 한계를 극복하는 고통을 받아야 합니다. 고통의 과정을 통과할 때에 근육이 만들어져서 힘이 강해지는 것입니다. 성도들도 십자가를 질 때에 힘이 생겨 죄를 이기고, 육체의 소욕을 이기고, 마귀와 싸움에서 이김으로 면류관을 얻게 되는 것입니다. 그런데 우리가 십자가를 지기 위해서는 반드시 훈련해야 할 것이 있습니다. 참는 훈련을 해야 합니다. 즉 인내심을 길러야 합니다. 현대 그리스도인들은 인내심이 약하기 때문에 십자가를 지는데 실패합니다. 성경은 "시험을 참는 자는 복이 있도다 이것에 옳다 인정하심을 받은 후에 주께서 자기를 사랑하는 자들에게 약속하신 생명의 면류관을 얻을 것임이니라"(약 1:12)고 말씀하고 있습니다.

십자가를 지는 자에게는 따르는 복이 있습니다

　십자가를 지는 것은 결코 쉬운 일이 아닙니다. 그러나 그렇게 하는 자에게는 축복이 준비되어 있습니다. 자발적으로 지든 억지로 지든 십자가를 지는 자에게는 하나님께서 상을 베풀어주십니다. 대표적으로 구레네 시몬을 들 수 있습니다. 예수께서 십자가를 지고 가시다 쓰러지시자 로마 군병들이 시몬에게 십자가를 지게 하였습니다. 그래서 그는 십자가를 '억지로' 졌습니다(마 27:32).

'억지로' (엥가류산)는 '강제로 봉사하게 하다', '억지로 가게 하다'는 의미를 가지고 있는 '앙갈류오' ($\alpha\gamma\gamma\alpha\rho\varepsilon\upsilon\omega$)에서 나온 것으로, 정부에서 특명을 받은 전령이 목적지로 갈 때에 피지배 국민들에게 강제로 말이나 사람을 징발할 때에 사용하는 단어입니다. 당시 로마 군인에게는 징발권이 있었기에 구레네 시몬에게 억지로 십자가를 지게 할 수 있었습니다.

그런데 '억지로' 십자가를 진 구레네 시몬에게 어떤 영광이 따랐는지 아십니까?

첫째로, 시몬 자신이 하나님께 쓰임을 받았습니다. "안디옥 교회에 선지자들과 교사들이 있으니 곧 바나바와 니게르라 하는 시므온과 구레네 사람 루기오와 분봉 왕 헤롯의 젖동생 마나엔과 및 사울이라"(행 13:1). 여기에 '니게르라 하는 시므온'이라는 이름이 나오는데, '니게르'는 흑인이라는 뜻입니다. 그리고 '시므온'은 시몬의 헬라식 이름입니다. 즉 억지로 십자가를 진 구레네 시몬이 이방인을 위해 최초로 선교사를 파송한 안디옥 교회의 영적 지도자가 되었던 것입니다.

둘째로, 다른 사람에게 선한 영향력을 미치는 삶을 살았습니다. 시몬 다음에 나오는 '구레네 사람 루기오'는 시몬과 같은 동네 사람이었습니다. 많은 신학자들은 구레네 시몬이 같은 동네에 사는 루기오에게 복음을 전했고 그를 말씀으로 양육한 결과 안디옥교회에서 함께 일하게 되었다고 주장하고 있습니다.

셋째로, 그의 가족도 믿음의 복을 받았습니다. "주 안에서 택하심을 입은 루포와 그의 어머니에게 문안하라 그의 어머니는 곧 내 어머니니라"(롬 16:13). 여기서 '루포'는 십자가를 억지로 짊어진 구레네 시몬의 아들이고, 그의 어머니는 구레네 시몬의 아내입니다. 그런데 바울이 시몬의 아내를 자신의 어머니라고 칭할 뿐만 아니라, 그들에게 문안을 하라고 한 것은 그들이 신앙생활을 모범적으로 잘하고 있었다는 증거입니다.

넷째로, 그의 후손을 높은 지위에 오르게 하셨습니다. 우리가 아는 바와 같이 313년 로마 황제인 콘스탄틴 대제가 밀라노 칙령을 발표하여 기독교를 로마의 종교 중 하나로 공인을 했습니다. 그런데 콘스탄틴 대제가 구레네 시몬의 12대 후손이라고 합니다.

십자가를 지는 일이 힘들고 어렵지만 십자가를 진 후에 누릴 영광을 생각하면 능히 질 수 있습니다. 예수님뿐 아니라 앞서 간 믿음의 선배들이 십자가를 지고 주님을 좇아갈 수 있었던 것, 역시 십자가 건너편에 있는 부활의 영광을 바라보았기 때문입니다.

얼마 전, 같은 동네에 사시는 싹쑨이 할머니의 남편이 돌아가셨다는 소식이 저에게 들려왔습니다. 평소 전도 차원에서 동네 분들이 돌아가시면 비신자일지라도 장례식장에 들러 조의금을 전했지만, 이번에는 이런 저런 이유로 가고 싶은 마음이 생기지 않았습니다.

그런데 글을 쓰던 중 머리를 식힐 겸 샤워를 하는데 별안간 내 마음 속에 이런 의문이 떠올랐습니다.

"만일 예수님께서 같은 동네에 사시는 전도대상자 할아버지가 돌아가셨다는 소식을 들으셨다면 어떻게 하셨을까? 모르는 척 하셨을까? 조문을 가셨을까?"

곧바로 평신도사역자인 이경옥 권사님과 함께 장례식장으로 향했습니다. 싹순이 할머니가 저를 보시더니 너무 기뻐하며 반가이 맞아주셨습니다. 조문(弔問) 후 장례식장을 나오는데 초상집에 간 것을 주님께서 기쁘게 받으셨음을 알게 하셨습니다. 조문이라는 십자가를 지고 싶지 않았지만 주님의 음성에 민감하게 반응하자 주님을 기쁘시게 해드리는 영광을 얻을 수 있었던 것입니다. 십자가를 지는 데는 희생과 고통이 따르기 마련이지만 항상 그곳에는 주님께서 베푸시는 은혜가 있습니다.

십자가를 지는 것이 진짜 복임을 알아야 합니다

사람들은 모두 복 받는 것을 좋아합니다. 그런데 복에는 사람들이 받기 좋아하는 복이 있는가 하면, 하나님께서 주시고 싶어하는 복이 있습니다. 사람들은 일반적으로 현상적인 복을 좋아합니다. 그래서 세상에서의 건강, 물질, 명예, 권세의 복을 받고 싶어합니다. 그러나 하나님께서는 본질적인 복을 주시기를 원하십니다. 본질적인 복은 하나님께서 우리와 함께하시는 것입니다. 그래서 시편기자도 "하나님께 가까이 함이 내게 복이라"(시 73:28)라고 고백한 것입니다. 그렇습니다. '임마누엘'보다 더 큰 복은 없습니다.

물론 세상의 재물과 건강과 명예와 권세의 복도 하나님께서 주시는 것입니다. 하나님께서 주시지 않으면 사람은 아무것도 받을 수 없습니다(요 3:27). 그러나 이런 복은 진짜가 아니고 그림자에 불과하다는 사실을 알아야 합니다. 하나님께서 인간에게 주시는 최고의 복은 우리와 함께하시는 것입니다.

그런데 하나님께서 어떤 것을 통하여 우리와 함께하시는지를 알아야 합니다. 하나님은 고난이라는 십자가를 통하여 함께하십니다. 그래서 예수께서 산상수훈에서 "의를 위하여 박해를 받은 자는 복이 있나니 천국이 그들의 것임이라 나로 말미암아 너희를 욕하고 핍박하고 거짓으로 너희를 거슬러 모든 악한 말을 할 때에는 너희에게 복이 있나니"(마 5:10-11)라고 말씀하신 것입니다.

혹자는 예수께서 이미 십자가를 지셨기 때문에 우리는 주님께서 베푸시는 은혜만 받으면 된다고 주장하고 십자가를 지는 삶을 강조하지 않습니다. 그러나 이것은 잘못된 생각입니다. 은혜와 십자가는 늘 함께하는 것입니다. 그래서 성경은 "그리스도를 위하여 너희에게 은혜를 주신 것은 다만 그를 믿을 뿐 아니라 또한 그를 위하여 고난도 받게 하려 하심이라"(빌 1:29)고 말씀하고 있는 것입니다.

새의 날개가 무겁지만 잘라버리면 날지 못하고, 배의 돛이 무겁지만 잘라버리면 항해를 할 수 없고, 시계추가 무겁다고 떼버리면 시계가 멈추듯이, 우리가 십자가가 힘들고 어렵다고 지지 않는다면 진정한 복은 받을 수 없습니다. 십자가와 함께하는 삶을 살아갈 때에 그리스도의 주재권을 인정하게 되고, 날마다 하나님 앞에서 'Yes'로 살아감으로 하나님께 영광을 돌리게 되는 것입니다.

Yes!
에필로그

| 에필로그 | 항상 주님 앞에 'Yes'로 살게 하소서!

"너희 가운데 전파된 하나님의 아들 예수 그리스도는 예 하고 아니라 함이 되지 아니하셨으니 그에게는 예만 되었느니라"(고후 1:19).

본서는 'D3왕의사역시스템'(www.urihana.net)의 보충훈련과정의 청지기훈련 교재용으로 쓰여졌기 때문에 맨 처음에는 청지기에 대해서만 다루려고 했습니다. 그런데 성령께서 청지기와 십자가를 함께 묶어서 그리스도의 주재권을 다루라고 감동을 주셔서 방향이 바뀌게 되었습니다.

글을 쓸 때마다 항상 자신이 먼저 은혜를 받지만 본서는 그 어느 때보다도 저를 은혜의 강물에서 뛰놀게 하였습니다. 글을 쓰는 동안 진도가 나가지 않아 포기하고 싶을 때가 한두 번이 아니었지만, 그럼에도 불구하고 드디어 이렇게 세상에 빛을 볼 수 있었던 것은 포기하고 싶은 마음을 능히 이길 수 있는 넘치는 은혜가 있었기 때문입니다.

제 자신의 삶을 돌이켜보니 잘못한 게 너무 많았습니다. 주님의 뜻대로 시간, 물질, 몸, 은사와 재능을 사용하지도 않았고, 온전히 십자가를 지지도 않았습니다. 즉 입으로는 예수님을 주인이라고 불렀지만 제가 주인 노릇하며 살아왔습니다. 짐 베커가 "나는 틀렸었다"라고 고백했듯이, 저 역시 틀렸음을 고백하지 않을 수 없었습니다.

　이제 우리의 삶의 방향을 바꿔야 합니다. 이 세상에서 얼마나 성공적인 삶을 사느냐가 아니라 주님의 뜻대로 얼마나 순종하느냐에 초점을 맞춰야 합니다. 마귀는 우리로 하여금 하나님의 뜻대로 살지 못하도록 유혹하지만 그 시험을 이기고 예수님처럼 하나님의 뜻에 'Yes'로 살아가야 합니다.

특별히 본서의 추천서를 써주신 사랑의교회 오정현 목사님, 총신대학교 정일웅 총장님, 하나님 앞에서 'Yes'로 살아가시는 Y선교사님, 본서를 쓰는데 조언을 아끼지 아니하시고 격려해주신 호수교회 이은상 목사님, 'OQ·순종지수'의 통계 처리에 도움을 준 삼일회계법인의 양다희자매, 본서의 탄생을 위해 물심양면으로 도움을 아끼지 아니한 이경옥 권사 그밖에 모든 분들께 감사를 드립니다.

"모든 그리스도인이 하나님의 주재권을 인정하고
하나님의 말씀에 순종하므로
진정한 행복과 성공에 이르기를 기도 드립니다."

안창천목사

날마다 예수님처럼
하나님의 뜻대로 순종하는 길